住房城乡建设部土建类学科专业"十三五"规划教材
A+U 高等学校建筑学与城乡规划专业教材

建筑再生导论

范悦 张琼 等 著

中国建筑工业出版社

图书在版编目（CIP）数据

建筑再生导论/范悦等著．—北京：中国建筑工业出版社，2023.3
住房城乡建设部土建类学科专业"十三五"规划教材
A+U高等学校建筑学与城乡规划专业教材
ISBN 978-7-112-28780-2

Ⅰ.①建… Ⅱ.①范… Ⅲ.①旧房改造—高等学校—教材 Ⅳ.①F293.33

中国国家版本馆CIP数据核字（2023）第098917号

为了更好地支持相应课程的教学，我们向采用本书作为教材的教师提供课件，有需要者可与出版社联系。
建工书院：https://edu.cabplink.com
邮箱：jckj@cabp.com.cn 电话：（010）58337285

责任编辑：王惠 陈桦
责任校对：董楠

住房城乡建设部土建类学科专业"十三五"规划教材
A+U高等学校建筑学与城乡规划专业教材
建筑再生导论
范悦 张琼 等 著

*

中国建筑工业出版社出版、发行（北京海淀三里河路9号）
各地新华书店、建筑书店经销
北京雅盈中佳图文设计公司制版
天津翔远印刷有限公司印刷

*

开本：787毫米×1092毫米 1/16 印张：10¾ 字数：203千字
2023年7月第一版 2023年7月第一次印刷
定价：45.00元（赠教师课件）
ISBN 978-7-112-28780-2
（40801）

版权所有 翻印必究
如有内容及印装质量问题，请联系本社读者服务中心退换
电话：（010）58337283 QQ：2885381756
（地址：北京海淀三里河路9号中国建筑工业出版社604室 邮政编码：100037）

国家自然科学基金项目（52178020 / 51638003 / 52008251）资助
深圳市高水平大学二期建设 – 国家级教材出版培育计划项目资助

序

随着我国城市化发展进入"下半程",城市更新和改造再生逐渐成为城市发展的主流。城市发展从以增量为主到增量、存量结合,并逐渐以存量为主,老城市新活力、旧建筑新生命等重要命题正成为学术界活跃的探讨命题。由此,建筑产业与市场也将迎来建筑再生的时代。建筑再生的主要特点是针对既有建筑的改造活动来改善和丰富人们的生活环境,而传统的建筑学尚缺乏系统的基础理论与方法进行指导。范悦教授主持撰写的《建筑再生导论》教材总结并整理了相关建筑的活动与行为,构建了相关的建筑学及建筑设计的理论与方法,并形成了系统的建筑再生教学理论与内容,教材出版对于完善和提升建筑学教材体系具有十分重要的意义和价值。

范悦教授长期从事与建筑可持续再生相关的研究和教学工作,他和研究团队在该领域内已经取得了丰富的研究成果,具有一定的影响力。教材与他的研究方向和学术成果吻合度高,研究及编写过程依托深圳大学丰富的教学资源及学术平台,并先后得到多项国家级及省部级基金项目的支撑,这些基金研究成果为教材编写提供了坚实的学术研究基础。

作者对教材内容作了精心的选择,在有限的篇幅内,不仅包括了建筑再生的基础内容和住区建筑品质提升的重要专题,而且厘清了建筑再生的相关概念、形式、再生模式,梳理了相关流程,并对欧洲、日本等发达国家和地区的住区建筑品质提升方法进行了详细的分析,有助于读者更好地理解和掌握建筑再生的基本方法,更充分认识其应用的广泛性。同时,在此基础上,从基础数据调研采集、策划以及诊断等,教材提出了有针对性的建筑再生科学依据,引入了定性定量的诊断评估模式,提出了阶段性再生策略与方法。结合"双碳目标",教材还讨论了既有建筑的绿色化再生,最后用丰富的案例探讨了多样化再生的实践。

《建筑再生导论》的编写顺应了国内外建筑最新发展趋势,把握了当下建筑学教学内容的新变化和新拓展,教材突出了建筑再生的基础理论问题和设计方法。对习题的设计也颇具匠心,具有较高的可读性并方便教学时参考,本书适合于国内建筑院校本科及研究生建筑学相关专业课程的教学参考,也有益于研究人员、设计人员以及相关专业技术人员学习参考。

是为序。

王建国
中国工程院院士,东南大学教授
教育部建筑类专业教学指导委员会主任

前言

西方发达国家在第二次世界大战后,其城市与建筑经历了两个阶段,一个是大量建造阶段,即"现代建筑工业化"的阶段,另外一个就是"存量建筑再生阶段"。两个阶段的转换时期虽然各有先后,一般来说是在20世纪80年代西方各国先后完成了批量建设(Flow)到存量(Stock)的转变,其中就包括了北欧三国以及德、英、法等老牌的工业化国家。日本虽然进入到存量建筑再生阶段比较晚,但是凭借着良好的建筑工业化积淀以及高水平研发和政策支持,也快速形成了自己的存量建筑对策和再生建造体系。

"建筑再生"是指将老旧建筑的功能通过"再生"重新满足新的需求。其内涵、外延较新建行为有了很大的延展,一方面它涵盖了除新建以外所有的建筑行为,另一方面需要在以往的设计建造阶段之前,构建以策划和诊断评估为基础的科学体系和工作流程,需要融合多学科的智慧,形成新的建筑再生的学科框架。

毋庸置疑,我国拥有最大量级的存量建筑市场。除了量大面广之外,我国老旧建筑还存在设计标准低、品质低下的问题。尤其设计建造于20世纪80、90年代的建筑,问题尤为突出。专家指出我国既有建筑中60%节能不达标,50%以上需要进行修补和改造。

因此,我国在向存量建筑阶段转型的历程中任重道远,急需构建新型的学科体系和基础理论来对应。建筑再生作为一门新兴学科,既要结合"十一五"规划以来国家推动的建筑再生改造方面的课题,以及实用性和技术性的改造技术或标准规范类成果,还要总结面向建筑再生的建筑学基础理论和科学方法,结合我国存量建筑的实际情况,编制专业性、系统性的理论著作和教材,以更好地服务于行业需求和人才培养。

《建筑再生导论》基于上述思考,第1、2章梳理和整理了建筑再生的特点、缘起和相关概念,总结归纳了国内外的相关发展和实践。第3、4、5章基于再生流程,论述了再生策划和调研、诊断与评估、再生设计等步骤、内容和方法。第6章以典型案例整理的方式介绍了国内外的多样化再生。本教材兼顾既有建筑的共通性,以住区建筑为例详细地介绍了再生的原理、体系,包括定量化诊断和优化,以及再生设计的目标、策略与方法。

本教材可以作为建筑院校建筑学概论、本科或研究生建筑学设计课程的教学参考书,也可以作为从事可持续建筑、城市更新等建筑学研究的参考书。本教材配有浅显易懂的图表解说和详实的数据分析,适用范围广。关于建筑再生的思考不仅对建筑学专业的学生、教师、研究人员以及建筑设计和相关专业技术人员有益,而且对我国今后构建节约型社会,发展资源循环型经济具有实际的参考意义。

范悦

2022年12月 深圳大学元平馆

目录

第1章 缘起与理念

- 002　1.1　建筑再生的缘起
- 003　1.2　建筑再生的市场
- 003　　　1.2.1　建筑存量
- 005　　　1.2.2　建筑再生形式
- 009　1.3　建筑再生的概念
- 009　　　1.3.1　建筑再生的含义
- 011　　　1.3.2　建筑再生的用语
- 013　1.4　建筑再生的流程

第2章 发展与实践

- 018　2.1　建筑再生理论
- 018　　　2.1.1　相关再生理论研究
- 021　　　2.1.2　相关再生模式研究
- 024　2.2　国外建筑再生实践
- 024　　　2.2.1　国外建筑再生概况
- 026　　　2.2.2　世界各国建筑再生实践
- 036　2.3　国内建筑再生实践
- 036　　　2.3.1　国内建筑再生概况
- 041　　　2.3.2　各城市建筑再生实践

第3章 策划与调研

- 050　3.1　再生策划
- 050　　　3.1.1　内容与步骤
- 053　　　3.1.2　评估与决策
- 055　3.2　实态调研
- 055　　　3.2.1　调研内容
- 059　　　3.2.2　调研过程
- 066　　　3.2.3　信息整合-数据库方法
- 068　3.3　住区建筑
- 068　　　3.3.1　住区建筑品质
- 071　　　3.3.2　住区建筑形态

第4章 诊断与评估

- 076　4.1　体系与方法
- 076　　　4.1.1　评价体系
- 078　　　4.1.2　诊断流程
- 081　　　4.1.3　评估决策辅助方法——知识库
- 084　4.2　定量诊断与优化
- 086　　　4.2.1　围护体系热工性能
- 092　　　4.2.2　室内环境品质
- 096　　　4.2.3　户外热环境品质

第5章 再生设计

- 104　5.1　何为再生设计
- 106　5.2　再生分类
- 107　　　5.2.1　维护性再生
- 107　　　5.2.2　整建性再生
- 109　　　5.2.3　重建性再生
- 109　　　5.2.4　用途变更
- 110　5.3　目标与策略
- 110　　　5.3.1　建筑再生的阶段性
- 110　　　5.3.2　我国现行再生目标与指引
- 112　　　5.3.3　再生目标细化与策略库
- 114　　　5.3.4　外围护体系多层级再生手法
- 124　5.4　绿色化再生
- 124　　　5.4.1　标准发展
- 126　　　5.4.2　碳排放阶段
- 129　　　5.4.3　建筑再生碳排放

第6章　多样化再生

- 136　01 阶段性大规模住区再生　Backa Rod住区·瑞典哥德堡
- 138　02 综合型大规模住区再生　Bijlmermeer住区·荷兰阿姆斯特丹
- 140　03 区域活化型大规模住区再生　多摩新城·日本东京
- 142　04 邻里更新型大规模住区再生　大巴窑Lorong8住区·新加坡
- 144　05 老旧小区综合整治　毛纺北小区·中国北京
- 146　06 装配式内装改造　清华大学公寓样板2号住宅·中国北京
- 147　07 办公建筑改造社区养老中心　亚运村首开寸草学知园社区养老中心·中国北京
- 148　08 城中村变身人才社区　水围柠盟人才公寓·中国深圳
- 150　09 重构场所秩序　甘井子体育场改扩建·中国大连
- 152　10 滨水沿岸景观环境提升　坪山阳台·中国深圳
- 154　11 遗产建筑再利用　大鹏所城粮仓改造·中国深圳
- 156　12 适老化改造—加装电梯　老旧小区加装电梯的四种模式
- 157　13 海绵技术应用于户外环境提升　天健花园海绵化景观提升·中国深圳
- 158　14 公共艺术介入提升社区环境品质　福寿社区户外环境提升·中国大连

160　参考文献

162　著者介绍

第 1 章

缘起与理念
Origin and Theory

近40余年来我国社会经济迅速增长,高速城市化推进带来了城市建设的巨大发展。在城市资源环境紧缩的背景下,寻求内涵增长与创新、提升建筑功能、激发住区活力、改善人居环境、增强城市魅力,已成为新时期我国城市发展的重要方向。我国许多城市、地区的大批量既有建筑加速老化,其使用功能和环境品质严重落后于时代需求。因此,在存量时代,对建成环境的优化更新与品质提升、特别是城市中大规模的旧住区建筑的再生更新,成为新时期我国建筑行业发展的重点。在了解建筑再生的基础理论和技术方法之前,有必要对建筑再生的缘起、背景和基本概念有一个总体的认知。

1.1 建筑再生的缘起

纵观西方发达国家城市建设发展历史，一般均经历了两个阶段。一个是大量建造阶段，即称之为"现代建筑工业化建造"的阶段，另一个就是存量建筑再生建造阶段。前者奠定了西方建筑学和建筑设计的基础，后者则开辟了后工业时代和信息化时代的建筑发展模式（图1-1）。两个阶段的转换时期虽然各有先后，一般来说是在20世纪80年代前后，西方各国完成了批量建设（Flow）到存量建设（Stock）的转变。日本是发达国家中比较晚进入到存量建筑再生阶段的国家，直至20世纪90年代泡沫经济结束才有所转变。即使如此，由于有着良好的建筑工业化技术积淀以及高水平研发和政策支持，日本快速形成了自己的存量建筑对策和再生建造体系。

可以说，自从有所谓的"建筑"行为开始，类似于再生改造的活动从古至今一直就没缺失过。"再生"虽然一直存在，但充其量是作为建筑的副产品，没有被当作独立的学问和事物去对待，相关研究也比较零散和非主流。日本在20世纪末开展了第二阶段，即迈出了存量建筑再生的一步，一个代表性事件就是日本东京大学松村秀一教授当时提出"建筑再生"的理念，并引领了之后的一系列体系化研究。

建筑再生思想有几个方面的含义，其基本概念是指将工业化时代的老旧建筑的功能通过"再生"重新满足新的需求，从内涵上包含了除新建筑以外的所有建筑行为；二是相对于新建行为，建筑再生的内涵、外延都有了较大的拓展，不仅需要一整套以前期诊断和策划为基础的新的设计和产业技术，而且需要跨越学科之间的专家合作，以及反映社会经济、历史等方面的价值考量和工作流程。总之，传统的建筑学等单一学科无法解决建筑再生的问题，需要融合多学科的智慧，逐渐形成新的"再生学"的学问框架。

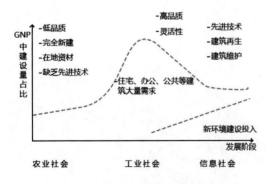

图1-1 投资建设与建筑发展阶段的关系
（CIB[①] W82[②]，1991）

[①]International Council for Research and Innovation in Building and Construction
[②]CIB的出版物

1.2 建筑再生的市场

1.2.1 建筑存量

我国拥有世界最大量级的存量建筑市场。以建筑市场中的两个代表数据（房屋竣工面积和住宅竣工面积，图1-2）来看，1980年代以来我国建筑行业建设量持续快速增长，各地都经历了大规模的建设，改革开放40多年来我国城镇住宅增长19倍。截至2018年我国城镇居民人均住房面积约39m^2，与1978年的人均住房面积3.6m^{2}相比增长10倍多，赶上和超过部分发达国家（图1-3）。

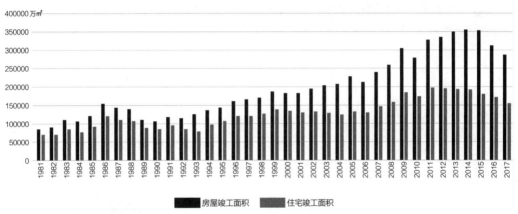

图1-2 我国1981—2017年房屋竣工量和住宅竣工量增长
（国家统计局数据）

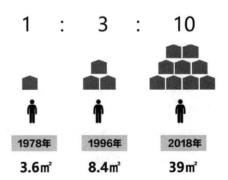

日本：33.8m^2；英国：35.4m^2；德国：39.4m^2

图1-3 1978—2018年我国城镇人均居住面积增长10倍以上

据不完全统计，截至2014年底，我国城镇存量住宅面积约等于欧洲主要几个国家的住宅存量总和，相当于日本住宅存量的4倍（图1-4）。

据中国建筑科学研究院估算，2020年我国既有建筑总量超过600亿m^2，其中一半以上是住宅。我国的存量建筑中，有大批量建设年代较早的建筑，以住宅为例，2000年之前建造的住宅占住宅存量的31%（图1-5）。由于建造标准低、使用过程中缺乏维护等，大量既有建筑存在使用功能和环境品质落后、资源消耗水平偏高、环境负面影响大等不足，亟需通过改造升级提升既有建筑品质，以减少环境负荷。

另外，既有建筑改造很大程度上拉动投资、需求等的增长。据统计，以目前我们再生市场中最为典型的老旧小区改造为例，我国2000年之前建造的老旧小区面积大约有100亿m^2。2020年我国改造老旧小区700万户，综合测算当年旧改方面的投资额度可以达到7000亿元~1万亿元，可以带动1.2%~1.5%的固定资产投资，同时也可以带来就业岗位的增加。

因此，庞大数量的既有建筑存量再生已成为综合性的问题，其重要性正在逐渐提升。

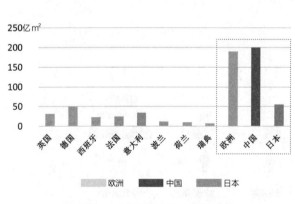

图1-4　各国住宅存量不完全统计比较

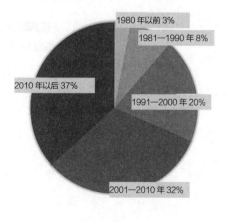

图1-5　我国住宅存量按建造年代的比例
（2020年第七次全国人口普查数据）

1.2.2 建筑再生形式

1）再生类型

建筑再生的形式按照不同的依据，有诸多的分类方式。例如按照建筑类型，可分为居住建筑再生、传统街区再生、文物建筑保护、工业厂房再利用、商业设施提升、办公楼改造等。在针对具体建筑对象进行再生时，再生的形式多样体现在建筑工程要素的多样性以及不同项目针对需求进行要素组合的多样性，从而形成各种独特的建筑再生形式。

日本的松村秀一教授在调查和总结欧美集合住宅再生类型的基础上，将住区再生的行为分为修缮、重构（住户部分）、增建、建筑物使用方式变更、住户内部改造、结构部分扩充、外围护结构变更、土地用途变更（拆除重建）、住户内部全面改造、公共空间改变和扩充、外部环境提升等11种类型（详见5.1小节），涵盖了建筑再生中常见的基本类型。

在西方国家的旧区再生中，按照规模和程度的不同，总体上可以分为三种基本类型：以修缮、恢复为主的维护性再生，以改造、改建为主的整建性再生，以及以拆除重新规划为主的重建性再生（图1-6、表1-1）。

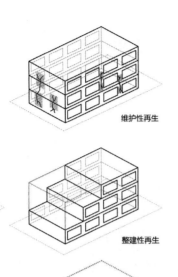

图1-6 再生类型示意图

表1-1 几种再生类型的概念

	欧洲的概念	国内对应的概念
维护性再生（50%）	对旧住宅区通过维护住宅正常使用状态，改善区域内公共设施，提高住宅物业经营效益	• 小修：对房屋使用中正常的小损小坏进行及时修复的预防性养护工程 • 中修：需要拆换少量主体构件，但保持原房的规模和结构的工程
整建性再生（30%）	对旧住宅区内各种住宅视改造需求分别采取改建、扩建、部分拆除等方法，明显改善旧住宅区居住环境质量	• 大修：需要拆换部分主体构件，但不需全部拆除的工程 • 综合维修：成片多幢一次性应修尽修的工程
重建性再生（20%）	对旧住宅区地块进行拆除清理后，在小区内重建住宅或其他建筑及设施，彻底改善旧住宅区居住环境质量	• 翻建：对房屋进行全部拆除，原址重建的工程 • 拆除重建：对旧居住区拆除后进行重新规划、重新建设

（1）维护性再生

维护性再生侧重于建筑品质退化过程中日常的和持续的维修和修缮活动，是建筑和环境功能性品质提升的重要途径与方法。据统计，欧洲各国住宅维护性再生工程所占的比例大多达到40%~60%左右（图1-7）。对比我国的具体情况，维护性再生可以定义为以日常性维护、维修为主，并兼具小修和中修的内涵。

（2）整建性再生

整建性再生侧重于对建筑根据需求进行改建、扩建、部分拆建等活动，以及建筑内部设备升级、公共服务设施改善等，这种方式会明显提升旧区建筑和环境品质，提高土地利用价值。在我国类似的改造行为有建筑大修、综合整治维修等。

（3）重建性再生

重建性再生指对旧区进行拆除清理后重新规划设计，调整用地功能或者变更住宅形式、规模、标准等，彻底改变旧区风貌和环境质量。我国在快速城市化进程中的旧区拆除重建属于这一种类型。

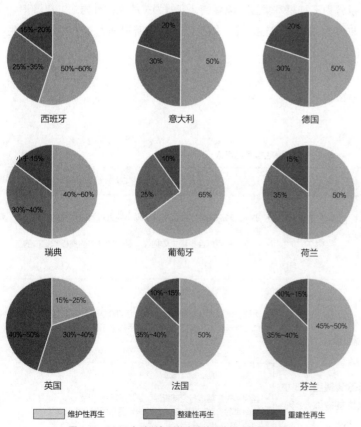

图1-7 2005年欧洲各国住宅建筑再生活动的类型比例
（资料来源：Daylight&Architecture 10）

图1-8 住宅"平改坡"
上图：上海，http://www.sina.com.cn，2006
下图：天津，《天津市既有建筑平改坡工程实务手册》，2010

我国的既有建筑再生类型以北方地区高耗能建筑改造为典型，经历了从简单节能改造、生态化改造到推广绿色建筑几个阶段，既有建筑再生形式逐渐多样化。

我国600多亿m²的既有建筑中，一半以上是住区建筑，因此既有住区建筑也是目前我国大规模建筑改造的主要对象。21世纪初针对大规模的住区建筑，北京、上海等地广泛开展了平改坡、墙体粉刷等改造工程（图1-8）。"十一五"规划以来北方地区大规模进行了老旧住宅保温改造工程以及结合保温改造项目展开的老旧住区综合整治、绿色化改造、宜居改造等项目，广泛探索了既有住宅节能改造、加固改造、加面积改造、加电梯改造（图1-9）等技术。近几年，在上海、南京等地开展"社区微更新"，建立"社区规划师"制度，在社区改造中引入规划、设计、建筑等多领域专家以及居民参与，探索制度化、体系化、规范化的社区更新发展。

另外，在城市其他建筑改造方面，我国城市建筑改造大多与旧城区综合改造、市容整治、抗震加固、节能改造等主导政策相结合。"十三五"期间对公共建筑的改造主要指出①医院、学校等公益类建筑的安全性能提升；②商场、酒店等商业类建筑的节能改造和环境提升；③办公类建筑的功能、节能等综合性能提升几种类型。

图1-9 住宅加装电梯改造·北京·2019

在改善城市风貌、提升城市基础设施方面，以深圳"城迎大运会市容提升行动"、北京天津等地"迎奥运"等大型活动中进行的城市主要街道立面整治、"穿衣戴帽"（图1-10）、外观装饰等大型改造工程为例，也是我国既有建筑改造的典型类型。

与居住建筑相比，公共建筑改造中的市场化机制更为成熟，例如共享办公空间（WeWork）在北京、上海、深圳等地的广泛使用，很多是对其他类型的建筑进行的改造和再利用。

图1-10 "穿衣戴帽"建筑改造·深圳·2010

第1章 缘起与理念 007

2）维护机制

既有建筑的再生常常是通过维护的方式实现的。既有建筑的维护一般包含了建筑日常检测、定期修缮、有目标的提升计划等。例如我国有针对住宅建筑的大修、中修、小修等机制。在世界范围内，相当数量的国家和地区，针对自身的住宅体系建立了住宅的更新维护机制。住宅维护机制是涉及政策、管理、技术等多个维度的复杂体系（图1-11），需要采取有效的复合手段加以实施和推动。

由于受到住宅产权的影响，国际上较大规模和常见的住宅维护实施大多是针对公共租赁住宅，由房屋管理部门制定相关政策进行住宅检查、维修、提升等。私有权属的住区多是在政府的管理法规要求下，由产权方进行维护。

各国的建筑再生活动中，很多重要的建筑再生方式是由国家通过一些更新、提升项目和行动来进行，也表现为一种维护机制，如表1-2所列的国家和地区中典型的更新活动。

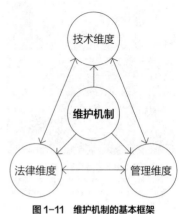

图1-11　维护机制的基本框架

表1-2　国家／地区住宅维护机制

国家/地区	住宅维护机制
日本	• 2010年，《团地型住宅公寓再生手册》，对建立超过30年的团地住宅的再生等级、再生内容、再生程序以及现行法律进行了汇编，指导团地住宅的再生 • 住宅长期修缮计划，以12年为周期进行大规模的计划性修缮
新加坡	• 新加坡建屋发展局自1989年启动主要提升项目，针对建成20年以上的组屋（公共住房）开展公共部分的结构加固、卫生间提升，以及公共区域设施升级、加电梯、门厅更新、门廊更新、通道更新以及增设停车楼等措施 • 1993年启动中级升级计划，针对暂不满足MUP的组屋公共区域进行维护提升 • 1995年实施改造更新策略整合之前的改造和重建计划 • 2007年进行了家居改善计划、邻里更新计划，以及重塑家园计划
中国香港	• 香港房屋委员会负责制定和推行公营房屋计划 • 2000年推行楼宇"维修统筹计划"，推出一系列楼宇检测诊断及维护维修计划，例如楼宇更新大行动、楼宇维修综合支援计划、强制验楼支援计划等 • 2005年开展"全面结构勘查计划"，为楼龄超过或者接近40年的公共租住房屋进行勘察
中国台湾	• 2002年台北市整建住宅更新初期规划费补助办法、旧有建筑节能改善工程补助计划等 • 2004年民间既有建筑物绿建筑设计改善示范工作 • 2006年高雄市老旧建筑整建维护更新补助计划等
中国上海	• "十二五"期间开始进行旧住房改造，主要集中在纳入保障性安居工程的成套改造、屋面及相关设施改造、厨卫改造三类综合改造 • 2018年初上海市政府印发《上海市住宅小区建设"美丽家园"三年行动计划（2018—2020）》
中国广州	• 2009年开始针对"旧城镇、旧厂房、旧村庄"进行三旧改造 • 2016年颁布《广州市城市更新法》，提出老城区、历史文化街区采用"微更新"改造方式 • 2016年启动老旧小区微改造

1.3 建筑再生的概念

1.3.1 建筑再生的含义

"再生"一词在新华字典的解释为"死而复生""重新给予生命",指生物体对失去的结构重新修复和替代的过程。对于建筑来说,建筑自建成之日起,实际的使用功能和性能便随着时间的推移自然劣化降低,与当下对建筑品质的需求产生差距,当建筑的使用功能和性能低于使用要求时,就需要对其进行品质的提升。

建筑品质提升包含功能转变、功能提升、空间提升、物理性能提升、设备设施更新等多个方面(图1-12~图1-15),本书中将这一系列对建筑进行不同程度的改变、对失去的功能价值重新利用的建筑活动称为"建筑再生"。

国内在建筑活动中使用"再生"一词,来自日本东京大学的松村秀一教授提出的"建筑再生",广义上泛指除新建建筑以外的所有建筑活动。

图1-12 住宅底层空置空间改造成为共享空间·哥德堡(瑞典)

图1-13 废旧的高架铁路改造为城市公园·首尔(韩国)

图1-14 废旧的船坞改造为海事博物馆·赫尔辛格(丹麦)

图1-15 老旧小区的首层改造为咖啡店·广州(中国)

在我国建筑再生研究中常见的概念有品质提升、维护性再生、精细化再生、微更新等。

（1）品质提升

既有住区的"品质"可从功能性、舒适性与场所性三个维度入手，并体现阶段性的特征。功能性品质提升包括住区建筑及其环境的功能性缺失与老化的改善，舒适性品质提升包括声、光、热等物理环境的改进与优化，场所性品质提升包括适应居住人群的生活方式、环境行人心理以及美学要求的场所营造（图1-16）。

品质提升具有阶段性的内涵。首先，它符合建筑退化规律，不同建筑部位和构件的使用寿命不同，无法一次性解决使用过程中的品质退化的所有问题。其次，根据建筑不同使用阶段的突出问题和优先次序，通过优化的品质提升组合工具方法，可以实现亟待解决的居住需求和品质目标。最后，可以随技术进步和社会需求变化，根据不同使用部位和构件使用特点，实施针对性强的品质提升方法，更科学合理延长建筑寿命。比如，国内一些发达城市或者有条件的住区，为了更好地营造高品质居住环境，开展了旧住宅加建电梯的尝试，但对于一些条件不成熟的住区，这种做法只能作为中远期的品质提升目标。

（2）维护性再生

维护性再生是相较于重建性再生、整建性再生而言，与另外两个概念相比，维护性再生侧重于建筑品质退化过程中日常的和持续的维修和修缮活动，通常规模和程度较小，是建筑和环境功能性品质提升的重要途径与方法。在西方国家的建筑活动中，维护性再生工程所占的比例最大，是最重要的建筑活动。针对我国的具体情况，维护性再生可以定义为以日常性维护、维修为主，并兼具小修和中修的内涵。

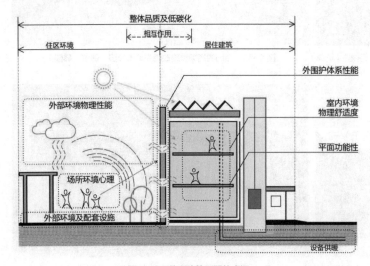

图1-16　住区建筑品质的内涵

（3）精细化再生

精细化再生侧重于依据科学的诊断与评估，在多样化数据支撑下，针对既有建筑存在的单项问题或整体问题，进行包括充分的前期调查、科学的诊断评估与决策、精细的施工以及改造后评估等在内的全过程再生。同时强调再生过程信息化的含义，精细化再生是建筑再生未来发展的主要趋势。

（4）微更新

微更新是相较于城市更新中的大拆大建而言，是针对建筑和环境所做的微小的修复、修补的一种方式。面对复杂的建筑和环境问题，想通过一次性的改造解决问题十分困难，微更新从细小的地方入手，是一种逐渐改善物质要素和空间环境的方式。

1.3.2 建筑再生的用语

1）相关标准规范中的常见用语

综合整治：包括消防安全，道路、市政基础设施和公共服务设施改善，沿街立面和小区内部环境整治，以及既有建筑的节能改造等，但不改变建筑主体结构和使用功能。

综合改造：在居住区现有条件基础上，综合考虑改造需求，采用经济合理的技术措施，对室外环境、道路与停车、配套设施、房屋、建筑结构、建筑设备等进行全面、系统的更新改造。

功能性改造：以保障既有住宅的基本居住功能与使用安全、提升建筑品质为目的的改造工程。

功能改变：改变建筑用途。在建筑使用过程中由于需求的变化而转变建筑使用功能，例如工业厂房改变为商业园区、办公楼改变为住宅等。

绿色改造：以节约能源资源、改善人居环境、提升使用功能等为目标，对既有建筑进行的围护、更新、加固等活动。

宜居改造：在空间、环境、安全、文化、服务和管理等多个方面满足居住和生活需求的社区改造。

适老化改造：为适应老年人生活需求而进行的改造。

翻建：对房屋进行全部拆除，原址重建的工程。

既有建筑：经竣工验收备案并投入使用一年后的建筑或已投入使用的房屋。

城市旧居住区：城市建成区范围内使用20年以上，或环境质量差、配套设施不足、建筑功能不完善、结构安全存在隐患、能耗水耗过高、建筑设备老旧破损的居住生活聚居地。

2）常见英文词汇的对照

Repair：修护、修复；对建筑构配件损伤和材料老化采取的处置措施，延缓建筑构配件和设备设施损伤发展速度的技术措施。

Renewal：更新、再开发；中文通常指城市更新范围，区域再开发，包含了建筑用途发生变化、土地重新利用等。

Renovation：改造、更新、整修、改善；将已经老化的建筑性能进行改善和升级的活动，适用范围较广。

Regenareation：复兴、重建、再生；城市复兴，强调城市区域范围的复兴，增加活力。

Transformation：改造；提升既有建筑功能的技术措施。

Neighborhood regeneration：邻里更新；社区范围，欧美针对社区人文退化提出的社区更新概念，强调人的角色。

Retrofit：翻新、维修；主要应用于设备、设施更新、更换。

另外，在我国各地进行的居住建筑再生活动中，经常出现一些地域性的俗称。例如，较早在我国上海、天津、杭州等地广泛展开的居住建筑"平改坡"工程，对将居住建筑平屋顶改为坡屋顶，一方面改善居住建筑外貌，另一方面也是对居住建筑屋顶保温、防水等的改造；深圳市2007年大运会期间为整体提升城市景观，对主要道路两侧的建筑物进行了清洗翻新，被称为"穿衣戴帽"；南京市推出的老旧小区环境整治改造，称为老旧小区"出新"；北方地区对老旧小区进行外保温改造的"暖房子"工程等。

1.4 建筑再生的流程

建筑再生涵盖的范围非常广泛，因此其流程也具有复杂性和综合性。既有建筑的再生流程因具体项目的内容和目标不同会有所差异，通常来说，基本流程包含再生策划、诊断评估、再生设计、再生实践（技术/运维）等几个阶段（图1-17）。

1）建筑再生的基本流程

（1）再生策划

建筑再生与新建建筑最大的区别，是其现状的既有性，即已经存在的事实。既有建筑再生活动大多是为了解决既有建筑的某种问题而发起的，与新建建筑相比，对象和目标都更为复杂。因此，在既有建筑再生的流程中，前期策划阶段显得尤为重要。

既有建筑再生的前期策划包含了不同领域的多项内容，例如既有建筑资产价值的判断、建筑及环境客观物理现状调查、业主满意度调查、用户需求调查、资金计划等。因此，前期策划是既有建筑再生最重要的阶段，往往需要成立包含政府、业主、用户、建筑师、专业技术人员等各个领域相关者的团队进行长期的讨论与协商。再生策划为既有建筑再生工程的顺利进行奠定了基础。

（2）诊断评估

要明确针对老化的既有建筑应该进行怎样的提升，就需要对既有建筑的实际状态进行充分的实态调查。既有建筑的实态调查包含了对再生对象原始的设计图纸、改造履历、使用现状等多源数据和资料的挖掘，诊断评估则是在既有建筑进行充分调查研究的基础上，对既有建筑的现状和改善方式进行的判断。既有建筑的诊断评估通常包含定

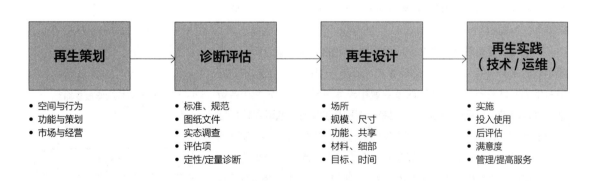

图1-17　既有建筑再生流程

性和定量两个方面，定性的诊断评估一般指人文因素、业主以及使用者的主观需求等，定量的诊断评估通常指建筑和环境的物理性能。

（3）再生设计

既有建筑的再生设计并不是一蹴而就的，而是随着对既有建筑实际状态的详细调研，根据定性和定量的诊断评估以及再生实施的可行性，不断进行改造设计的调整和推进。在此过程中，建筑师除了需要具备专业的知识外，还需要具备前期调查、与业主、租户、专业技术人员交流、诊断等技能，在设计过程以及施工过程中，根据实际调查结果，不断调整方案。

建筑再生设计和手法还具有阶段性的特点，根据建筑不同使用阶段的问题和需求的优先次序，制定循序渐进的改进和提升方案，科学合理地提高建筑品质和延长建筑使用寿命。

（4）再生实践/实施与运维

再生实践是一个广义的说法，其中包含了再生设计之后的项目实施、使用、运行和维护等一系列后续流程。与新建筑施工相比，既有建筑再生实施中，由于工程的不确定因素较多，需要根据现场既有建筑和环境的状况进行大量判断和设计变更。

建筑再生后投入使用，其后期的运行和维护，广泛包含了再生后评估、再生后的使用和管理以及再生后建立长期维护机制增加建筑使用年限等内容。

2）建筑再生的典型流程

既有建筑的再生流程因具体项目的内容和目标不同会有所差异。图1-19显示了日本在既有住宅大规模修缮中的阶段和不同阶段的讨论内容。与此同时，各国根据自己国情，再生流程的侧重点也有所不同，例如瑞典在其租赁住宅的改造中，需要100%的住户同意才能进行改造，因此其再生流程非常强调前期居民参与的重要性，如图1-20所示，房屋公司通常需要提前两年以上开展居民讨论，逐渐推进再生过程。

目前我国既有建筑再生中，以大规模的老旧小区改造为典型，主要是政府主导、"自上而下"的任务式，如图1-18所示，通常由政府出台相关文件发布需要完成的改造数量和改造内容，然后分配于各省市级城建单位，再逐一下发分配，最终由区级或者街道选取具体项目进行上报审批，审批通过后由管理部门进行统一招标和财政拨款开始实施。另外，我国在近些年也逐渐开始探索"自下而上"的居民参与模式，将公众决策引入老旧小区改造中，如图1-21在上海静安区"美丽家园"的改造中，由小区全体业主表决，最终确立改造方案实施。

图1-18 以政府为主导的"自上而下"的老旧小区改造流程

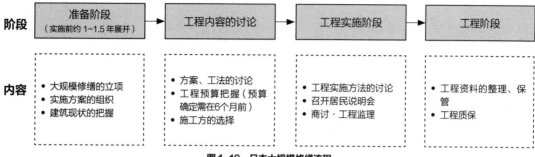

图1-19 日本大规模修缮流程
（资料来源：参考文献[10]）

图1-20 瑞典大规模住区更新中居民参与的流程

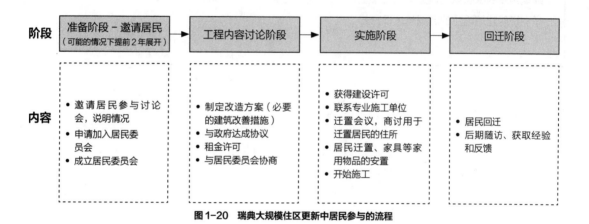

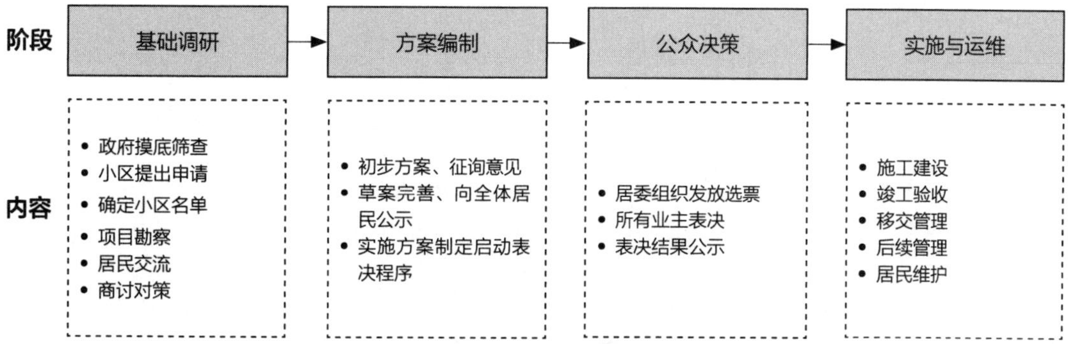

图1-21 引入"公众决策"的"自下而上"的老旧小区改造流程——上海"美丽家园"建设流程
（资料来源：参考文献[11]）

本章思考题：

1. 建筑再生的缘起以及相关概念有哪些？
2. 举例说明建筑再生的流程与表现方式。

第 2 章

发展与实践
Development and Practice

　　欧美发达国家的既有建筑改造理论与实践开展较早，经历了从硬件设施改善到品质多样化提升的完整历程，处于较为成熟的阶段。日本的既有建筑更新相对于欧美国家发展较晚，其发展过程借鉴欧美模式，并形成了独自的建筑更新与再生模式。我国20世纪末开始针对既有建筑问题，以国家政策主导和国家级项目为依托进行了一系列的研究与实践，形成了一定的成果。

　　各国的既有建筑再生发展，通常以住区建筑最为典型，本章以住区建筑为主，介绍国内外既有建筑再生发展的概况。首先介绍在既有建筑再生发展历程中形成的代表性理论研究，进而选取既有建筑再生较为典型的5个国家（瑞典、德国、荷兰、日本、新加坡）和我国5个城市（北京、上海、广州、深圳、大连）进行较为详细的实践发展介绍。

2.1 建筑再生理论

20世纪60年代，西方国家的城市建筑更新改造大多以大规模的拆除重建为主，极少考虑建筑的保护与更新，造成了城市肌理和传统风貌的破坏。1970年代以后大规模的推倒重建遭到社会各界的批判与否认，于是很多国家开始了建筑局部改造与更新维护。1980年代以后，建筑再生的范围逐渐扩大，许多西方国家建筑再生的比例超过新建建筑，开始了可持续建筑再生的探索。我国早期对于旧建筑的更新改造多停留在建筑本身的维护和加固等技术上，1970年代后期在对北京旧城更新的研究基础上逐渐有相应的理论提出。

国内外建筑再生相关的研究层出不穷，其中影响较大的理论研究主要有开放建筑理论、再生关系理论、有机更新理论等。另外，近些年来在建筑再生实践和研究中，出现了不少有影响力的建筑再生模式研究。

2.1.1 相关再生理论研究

1）开放建筑理论

荷兰建筑学家约翰·哈布瑞肯（John Habraken）于1960年提出"骨架支撑体"理论，1965年在荷兰建筑师协会首次提出住宅支撑体（Support）和可分体（Detachable Units），称为SAR理论[1]，在欧洲乃至全世界得到强烈反响，至今仍是诸多住宅适应性研究的基础。哈布瑞肯的支撑体理论，后来发展成为开放建筑理论（Open Building），成为国际建筑革新研究协会的研究主题之一。

开放建筑的基础理念就是将具有较长寿命的建筑部件和需要经常更新的建筑部件分开，这样建筑物的建造和维护就可以在不同的层级上进行，相互作用但互相独立，可以同时组织好整个建筑过程。另外，开放住宅提出了住宅"层级"（Level）的概念，以此来明确住宅建造和使用过程中选择、控制权和责任归属的问题，划分住宅建造和更新过程中的责任（图2-1、表2-1）。日本在吸收支撑体理论的基础上，发展成为日本的SI住宅理论，即支撑体（Skeleton）和填充体（Infill）完全分离的体系（图2-2），强调住宅肢体的耐久性、公共空间的功能变化适应性，以及后期维护的便利性。

---

[1] SAR：几位荷兰建筑师筹资创办了一个建筑师研究学会（Stichting Architecture Research，全名简称SAR），开始专门从事"支撑体"设想的研究。

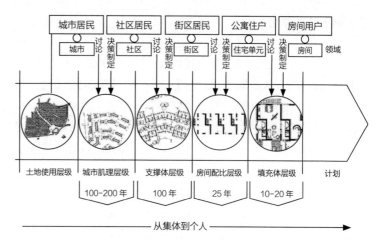

图 2-1　开放住宅中各层级的决策与物质部分的对应关系
（资料来源：参考文献[7]）

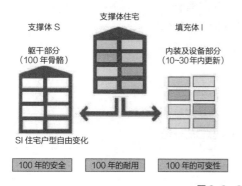

图 2-2　SI 住宅的分离体系示意
（参照资料：参考文献[8]）

表 2-1　住区建筑的层级化

层级	部位	要素	所有权
城市结构/肌理层级	户外环境	住宅外部的住区肌理、地面、绿化植被、外网、配套设施等	住区居民
支撑体层级	建筑结构/围护体系	住宅结构、外墙、屋面、楼地面、外窗等	楼栋居民
	中间层/公共空间	住宅入口、阳台、楼梯间、电梯、外立面附属物、公共设备管线等	
填充体层级	室内	住宅室内布局、外墙内面、内隔墙、家具、户内管线等	住户自身

第 2 章　发展与实践　019

2）再生关系理论

"建筑再生"是日本东京大学松村秀一教授最早在日本提出的。松村秀一教授在研究欧美对战后大规模工业化住宅改造的基础上，集合多位不同国家的研究者，建立了相应的国际合作研究体系。用"再生"一词取代日语中的"改装""大规模改修"等概念，认为"对既有建筑进行不同程度上的改变、对失去功能价值的建筑重新利用都属于'建筑再生'的范畴"。

建筑再生一方面是再生手法和内容，另一方面是再生过程中的组织流程、资金来源、专业团队、住户民主参与体系等机制的运行。松村教授从住宅产业化的角度提出了实现可持续建筑再生的四项原则[①]。

3）有机更新理论

"有机更新"理论是我国中国科学院和中国工程院两院院士吴良镛教授，在认识西方城市发展历史和理论基础上，结合北京实际情况，长期致力于北京旧城规划建设的研究中发展出来的。"有机更新"主张旧城改造中要摒弃大规模的推土式更新，根据不同状态的建筑和环境，区别对待、采用不同的更新方式。1987年，在北京"菊儿胡同"的改造项目中，"有机更新"思想得到了实践。

"有机更新"的提出是我国在城市化进程中反思城市推土式重建改造，保护城市风貌肌理的产物，也是后来我国在城市更新及建筑改造领域提出的小规模渐进式改造、阶段性改造、微更新等思想的理论基础。

---

①**松村秀一从住宅产业化角度提出了实现可持续建筑再生的四项原则：**

- 建立"公共"模式及相关组织。进入"存量型社会"，正确把握住宅寿命，保证长期的计划不至于偏离大的方向，建立居民对住区的"公共感"，将民间团体法人化，实现"公共"目标。
- 建立公—共—私的决策机制。引入开放建筑的层级概念，将社区—支撑体—填充体对应公—共—私的决策模式，建立居民决策体制。对于既有住区以及可持续发展的居住区运营，不可或缺的条件就是居住区居民制定决策，共同商讨组织方法以及运营所需费用的承担方法。
- 培养新型的专业人才。与新建建筑相比，建筑再生，尤其是住区建筑再生，涉及人员较广，各种专业职责匹配的分工较细，因此需要从诊断、提案、交流、工程管理、多能团队等各方面培养新型人才和团队。
- 形成新的产业趋势，构建适应新建与再生市场生产系统。将住区建筑再生中各系统的生产者、设计者、建造商联系起来，将住区再生纳入住宅产业化结构之中。

资料来源：参考文献 [3]

2.1.2 相关再生模式研究

1）中国百年住宅

我国住宅建设自改革开放以来持续高速发展，成功解决了城市住房紧缺的问题。在住宅建设取得显著成绩的同时，由于建设方式落实和产业化水平低等传统住宅建造生产方式暴露出的资源浪费大、建筑寿命短、产业质量差和运维难度大等问题，也日益凸显。

中国百年住宅[①]是基于国际视角下的开放建筑理念和SI住宅体系，结合我国建设发展现状和住宅建设供给方式，提出的面向未来的新型住宅建设模式。百年住宅从建筑全寿命周期的视角，围绕保证住宅性能和品质的规划设计、施工建造、维护使用和再生改建等技术的新型工业化体系与应用集成技术（图2-3），力求全面实现建筑产业化、建筑长寿化、品质优良化和绿色低碳化，提高住宅的综合价值，建设可持续居住的人居环境。

2）装配式内装工业化

随着我国工程建设转向以高质量发展为目标，装配式工业化住宅的建造随之进入产业结构转型升级的关键时期。这种转变不仅仅体现在新建住宅，既有住宅的改造也在寻求突破传统模式，实现高质量、

①2010年中国房地产业协会提出建设百年住宅的倡议，2012年中国房地产协会和日本日中建筑住宅产业协议会签署了《中日住宅示范项目建设合作意向书》，委托中国建筑标准设计研究院有限公司负责示范项目的组织管理、技术研发和设计实施工作，开发了中国百年住宅技术体系，并实施了北京当代西山上品湾MOMA、上海绿地南翔崴廉公馆、天津天房盛庭名景花园等示范项目。

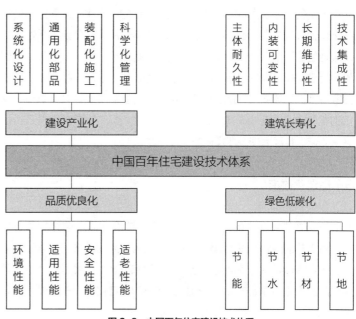

图2-3 中国百年住宅建设技术体系
（参照资料：参考文献[9]）

环境友好、可持续发展的更新。在既有建筑改造中，装配式内装工业化系统（图2-4）由于其绿色可持续的方式得到了提倡和应用。

装配式内装工业化系统包含了集成楼面系统、集成隔墙系统、集成吊顶系统、集成厨卫系统等。改造方式采用工厂预制生产的部品、部件，现场装配组装，质量稳定、效率高、污染少，可提升居住品质与舒适性。同时，工业化部品具有品质较高、批量生产、建造速度快、易安装易替换等特点，也有助于快速的解决既有建筑存量大、品质差等问题。装配式内装工业化在解决适老问题、个性化需求等方面也有较大的优势，满足灵活可变的需求。

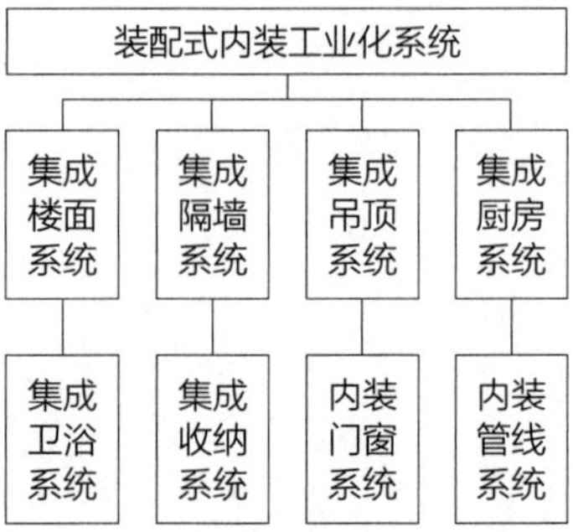

图2-4 装配式内装工业化系统构成

3）社区规划师

近年来我国大城市的社区规划逐渐从"活动组织模式"转向"制度引领模式"，通过社区规划师的制度创新推动系统的、全域的社区规划行动。以北京、上海、成都、武汉等大城市为代表，地方政府积极推动社区规划师制度，培养专业团队，建立扎根于地方的长效工作机制。比较有代表性的案例有北京开展责任规划师工作、上海搭建社区规划师与街道结对平台、以社区为主体培育"愿景社区规划师"团队以及武汉依托微改造组建"众创组"、成都建立三级社区规划师队伍（区级—街道—社区）等。

4）公众参与

存量更新时期小规模、渐进式的微更新方式已成为城市社区治理的重要路径，以人为本的和谐社会促使设计的民主化应运而生，公众参与作为社区微更新的一种治理方式，借由公民的充分参与来处理空间与社区的议题，从而推动社会转型。在社区更新中，公众参与多指借由社区空间环境的改造，以社区居民为主体，政府、社会组织、企业家等多元主体参与，逐步形成社区自治的发展模式。公众参与不仅仅指实体空间环境的改善，更广泛地包含了人际交往、邻里关系、社区认同感、社区治理等多样化的人文属性。

5）适老化改造

既有建筑大多数因为建设年代较早，在设计和建造之初并没有考虑适老化的问题，导致其现状无法满足老年人的基本居住与生活需求。随着人口老龄化问题的逐渐凸显，国家养老体系建设规划中强调了以居家为主的养老方式，既有住区建筑的适老化改造已经成为社会的共识。

在既有住宅适老化改造的研究与实践中，社区养老配套设施、适老性活动场所以及社区养老服务等方面都已经形成了较为丰富的研究成果。老旧小区加装电梯、入口无障碍化改造等在近些年我国老旧小区改造中也逐渐开始普及。

6）维护性再生科学方法[①]

维护性再生侧重于住区建筑品质退化过程中日常和持续的维修和修缮活动，是住区建筑品质提升的重要途径与方法。由于既有住宅劣化机理以及病理机制存在着复杂性和不确定性，在制订修缮什么和如何修缮的环节中，主要依靠个人经验，缺乏基于多维知识基础的信息判断标准。另外，由于维修队伍和产业还不够健全、技术力量薄弱，因此亟待建构相关辅助知识库平台，帮助技术人员综合判断，增进行业与用户以及专家之间的沟通与交流。

维护性再生科学方法从住宅病理现象和诊断评估入手，构建了两个分析模式，一个是"部位—病症"关联性分析，目的是更加客观地诊断病因并确定合理的修复方法；另外一个是"病症—诊断—修复"关联性分析，提出了病理现象分类整理、病理分析诊断，以及病理修复方法策略与方法（详见第4章4.1.3）。

维护性再生知识库方法是基于上述认知基础和数据的建立，即科学分析住宅病理现象，研究病理属性的关系，以及多专业学科有经验的专家会诊评议，甄别病理成因并提出合理的修复对策，借助信息化的手段，通过住宅维护性再生知识库的建立，形成包含住宅调查、诊断、修缮等科学规范的知识体系和方法，并且进行推广，切实将知识体系转换为可操作的科学方法（图2-5）。

```
第一阶段：  基础资料搜集、调研与分析
              ↓
              • 现行诊断维修体系的文献及相关部门调研
              • 住宅劣化现象的采集

第二阶段：  原因分析与修复方法的选择与评价
              ↓
              • 专家/机构的专业探讨—"会诊"
              • 关联性研究

第三阶段：  构建信息化知识库
              • 构建信息化知识库
              • 网络试运行
```

图2-5 维护性再生知识库的基本原理

[①] 本部分研究内容出自国家自然科学基金项目"东北地区既有住宅病理诊断及有效修复的辅助知识库研究"以及"北方既有住区建筑品质提升与低碳改造的基础理论与优化方法"。

2.2 国外建筑再生实践

2.2.1 国外建筑再生概况

回顾西方发达国家城市建设发展的历程，一般均经历了两个阶段。一个是大量建造阶段，即称之为"现代建筑工业化建造"的阶段，另一个就是存量建筑再生建造阶段。

工业化建造的发展奠定了西方建筑学和建筑设计的基础。1851年出现在英国伦敦世博会的水晶宫代表了最早的大型工业化建筑体系。1875年首项PCa①专利在英国提出。1903年，有名的"富兰克林大

①PCa：预制混凝土的简称，Precast Concrete的国际惯用缩写。

表 2-2 欧美各国住宅再生计划列举

国家	时间	事件
法国	1971	住宅改良公社资助
	1976	住宅改良计划事业制度OPAH
	1989	政府顾问委员会提出"Block Rene"
德国	1972—1978	再生工程增加2倍
	1982	建设部门调查
	1994	政府提出逐步改善计划
丹麦	1980s	50家住宅协会参加互助会，创设了"建筑瑕疵财团"和"非营利住宅协会全国建设财团"
瑞典	1984	着重改善集合住宅的交通方式与节能
	1993	开展以节省劳动力和利用建设资金为目的的再生项目
美国	1965	HUD专项财政资助
	1960s—1970s	民间组织投资增加
	1993	再生投资达到新建住宅投资的75%

（参照资料：参考文献[3]）

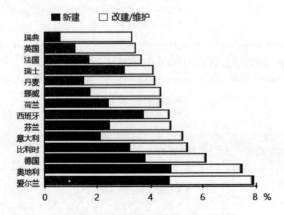

图 2-6 欧洲1990年代住宅建设投资占GDP的比例
（EUROCONSTRUCT, 1998）

街的公寓"在巴黎建成。1920年代美国建筑巨匠赖特创作出了印有纹样的预制砖工法,同一年代,建筑表现的混凝土"阿利制法"(Earley Process)在美国确立。工业化思想影响了现代建筑师的设计创作,也影响了现代城市建设的工业化住居体系。第二次世界大战之后,尤其是各国为了缓解住宅不足而进行的公共性质的住宅建设时期(又称为Mass Housing时期),短时间内建设了大量的多层集合住宅,大多采用预制装配构件,工业化的生产方式,有效节约劳动力,缩短了建设周期,促进了大规模住宅的建设,也满足了大量建设的需求。

20世纪80年代后期,西方各国城市建设逐渐从"增量"到"存量"转变,进入存量建筑再生阶段,开启了后工业化时代和信息化时代的建筑发展模式。就居住建筑再生而言,20世纪80年代以后,大规模住宅建设达到饱和,住宅的需求逐渐从数量转向提高质量以及满足多样化的需求,各国开始尝试居住建筑再生活动,涌现出一批住宅再生组织和再生计划(表2-2)。1990年代以后西方各国建筑改建、维护的比例逐渐超过新建建筑,建筑再生成为主要的建筑活动(图2-6、图2-7)。

据统计,1992年丹麦住宅改造数量达到住宅建设总量的60%,意大利、法国、荷兰、英国等国家达到46%~50%,欧洲各国住宅投资中用于改建的比例超过50%。这一时期对于大规模居住区的更新方式,主要注重物质环境的更新以及基础设施的改善,主要更新的对象和方式包含居住环境、户型变更、阳台及入口空间等节点变更、设施改善等。20世纪90年代末至2000年以后,世界范围内的可持续发展被提上日程,对于大规模居住区的更新也开始转向可持续的研究与实践。这一时期,欧洲在环境保护、节能、公共参与等相关政策方面进行了广泛的研究,住区更新倡导住户参与等模式。美国各地也开始将再生能源、公众参与等纳入住宅更新范围。既有建筑再生逐渐开始关注节约能源、由物质性更新转向人文性提升、注重再生过程中的多方参与以及长期可持续的品质提升计划。

图 2-7 北欧的建筑再生举例
(左图:住宅加建阳台,奥斯陆,挪威;右图:赫勒乌普高中地下多功能厅加建,哥本哈根,丹麦)

2.2.2 世界各国建筑再生实践

1）瑞典

（1）北欧的既有建筑再生

由于地处欧洲大陆西北，受战争影响较小，北欧地区社会发达程度较高。另外由于冬季较长，施工时间短，尽可能地将工地施工生产转移到工厂，因此北欧建筑工业化水平较高。在大规模住宅建造方面，瑞典的"百万住宅计划"（详见下文）、丹麦的"住宅工业化计划案"，芬兰应用于住宅建造的通用预制混凝土结构体系BES系统等，都是比较有名的工业化住宅建造实践。

为推动住宅建设和再生发展，北欧各国均建立了相对完善的住宅政策。如表2-3所示，各国在1950—1960年代之间设立了住房机构以及建立了相应的贷款政策建设房屋，在1970年代出现了房屋节能政策，1980年代之后逐渐出现了住房改善项目。

此外，可持续理念的影响下，北欧地区积极地开展生态街区项目，研究生态技术体系，例如瑞典马尔默的Bo01住宅示范区，100%利用风能、太阳能、地热能、生物能等可再生能源。在住宅再生方面，以民间参与为主，关注社会效益，在市场经济的推动下鼓励社会各界和居民参与再生过程。

表2-3 北欧主要住宅建设政策演变

	1950	1960	1970	1980
丹麦	1945 住房分配制度 1951 租金控制和使用权保障制度 1955 租金管理和住房分配制度	1960 国家建筑法 1960 丹麦工业化统一标准（DOSP） 1961 建筑标准法 1964 利率上升 1966 住房公约（HP） 1966 住房利息保障方案	1972 建筑隔热标准修订 1973 加入欧盟委员会（EC） 1975 停止住房公约 1975 隔热改建工程补助金办法	1982 建筑条例 1985 丹麦小型建筑规章（DBRSB） 1988 年内建设非营利租赁住房两万户
芬兰	1945 创立土地取得法（LAA） 1948 住房税收支援法 1949 建立住房贷款系统 1953 制定住宅法 1959 建筑标准法	1960 新建建筑10年内减税政策 1966 计划从1966年—1975年供应50万户住宅 1966 设立住宅管理部门	1970 快速的工业化 1970 住宅开始关注节能 1979 政府为住宅改修提供补助	1980 注重改善住房水平 1990 推进租赁住房 1990 实施住宅减税政策
瑞典	1942 租金控制制度（RC） 1945 控制住宅建设市场债券 1948 各地区设立住宅委员会	1954 公布国家住房相关贷款规定 1967 "百万住宅计划"开始 1967 建筑标准法 1968 设立建设规划委员会 1968 租金法案（RA）取代租金控制制度（RC）	1975 住宅建设数量急剧上升 1975 详细的户外空间建设规定	1980 10年住宅改善计划（ROT） 1983 建筑法规强调住宅日照条件 1984 住宅提升计划（HIP） 1993 新的住宅改善计划（N-BR）

（2）瑞典住宅概况

截至2009年，瑞典的住宅存量约4,500,000户，其中55%为集合住宅。在全部住宅中，45%修建于1960年以前，1960年代至1970年代修建的"战后"集合住宅，占瑞典集合住宅总量的41%。1980年代以后，住宅数量饱和，住宅建造速度下降，1990年代以后几乎停止新建住宅。

瑞典的住宅所有权比较丰富。独户住宅和联排住宅大多为私人所有，只有一小部分由公共房产公司或者联合组织开发。集合住宅中，租赁住宅占将近60%，主要是公共房产公司和私人房产公司所有。私人所有的集合住宅公寓只有11%，大部分是位于城市中心区较好的地段。30%的集合住宅由一些联合组织开发，归属于其成员。

（3）"百万住宅计划"的建造与再生

① "百万住宅计划"的建设

瑞典的"百万住宅计划"（Million Homes Programme）是欧洲"战后"住宅建造的典型代表。为了解决"战后"住宅短缺问题，瑞典政府于1965年至1974年的十年间修建了1,006,000户住宅，其中三分之二为集合住宅。"百万住宅计划"之后，瑞典的住宅存量达到饱和，新建住宅已经不再是主要工作，如何将现有的住房进行维修和改进，成为社会关注的焦点。"百万住宅"由于其建造速度过快，建设质量不高，离市区较远，租金较高，社区服务较差等问题，造成很多居民迁出，以致到1970年代后期该计划刚刚完成，就面临严峻的改造需求。

② "百万住宅计划"的再生

在过去的几十年当中，"百万住宅"进行过很多更新的尝试和实践（图2-8、表2-4）。1980年代末至1990年代，住宅的更新主要集中于以提升住区形象为主的户外环境更新，以及提升住宅质量的外

图2-8 瑞典"百万住宅计划"现状举例

墙改造和室内更换设备。这一时期的改造，主要通过对阳台以及建筑体局部减少层数的改造，打破住宅千篇一律的面貌。另外通过对室外绿化的改善，以及修建垃圾房、洗衣房、自行车停车等户外辅助功能用房来提升住区整体环境。1990年代中期以后，能源问题被提上日程，"百万住宅"由于耗能过大，因此通过对其进行节能改造而达到能源节约，是瑞典国家实现能源目标的重要部分。这一时期对住宅的改造，大多通过对住宅增加保温、采用集中供暖、使用太阳能等方式降低住宅能耗。另外，在邻里关系、社区人文建设方面，也逐渐有很大的提升。瑞典百万住宅再生的要点可以概括为如表2-5所示。

③瑞典住宅再生的特点

瑞典住宅再生的特点，首先是从物质、社会和经济多方面的全面再生。大型旧居住区的更新，往往不是单一的物质更新，伴随有大量城市贫困、弱势群体，以及教育、失业等多方面的社会问题，因此住

表2-4 瑞典住宅再生的相关政策

1983年，议会通过"存量住房维护和修复的十年住房改善计划"
1986年，政府提出优先考虑和改善"百万住宅计划"房屋的基本生活条件
1986年，政府增设额外的补贴用于鼓励包括社会事业和改善市政等在内的更新活动
1989年，政府决定将优先考虑新建建筑并同时消减用于住房更新的补贴水平和贷款总和，享有优先权的"百万住宅计划"大规模更新项目可以通过延长贷款期限获得资金支持
1993年，政府提供用于集合住宅、老年居住住宅改修的财政补贴
1990年代，用于公共空间的无障碍改造、公共活动空间、公共设施等的财政补贴
1990年代，推广节能改造，使用太阳能等新型能源的补贴

表2-5 "百万住宅"的再生要点

再生的对象	再生的要点
建筑本体的改造	• 对建筑躯体进行增加或减少层数的改建 • 改变住宅平面，小户型变大户型等 • 建筑外墙和屋顶进行增加保温层的改造
户外环境的提升	• 以提升住区形象为主的室外环境更新 • 增加辅助功能的公共设施（洗衣房、垃圾房、自行车库等） • 增加社区交往的绿地
设备更新	• 集中更换室内厨卫设备 • 采用节约能源的设备和器具
节能措施	• 新建住宅标准 • 集中供暖 • 可再生能源，太阳房，材料的选取等
社区管理及交往	• 建立公共交往的辅助功能空间 • 提升住区形象吸引高收入人群
公共服务	• 增加学校、日间托管等公共服务机构和设施的数量以及提高标准，提高区域的吸引力

区再生往往也是需要一个综合的物质、社会和经济相互协调的策略。另外，大型旧居住区的更新完善一般很难在短时间内一次完成，通常是循序渐进的、阶段性的长期过程，每个时期遇到的问题也是各种各样，例如瑞典某大规模居住区从2000年代初开始更新，经过三个阶段的不同项目，至今只完成50%住宅的改造，并且最早改造过的住宅经过20年的使用又将面临新一轮的改造需求（详见第6章，案例01）。因此，每一轮的住区再生都是给居住者提供相对完善的居住环境，并非最终的目标。

较高的公共参与程度①也是瑞典住宅再生的一大特点，管理者、设计者与居民共同商讨居住区改造方案。由于住户才是住区的使用者，也是最直接的了解住区问题的群体，因此住户的意见是设计的关键参考信息。公众参与的住区再生往往会减缓速度和效率，但是有利于解决住区问题，建立长期可持续的发展的再生机制。

（4）生态住宅建设

瑞典的住宅发展已经进入了重视能源和环境可持续的阶段，从生活方式、居住理念以及环保材料、节能技术等方面，践行生态可持续理念。瑞典政府通过财政补贴，引进先进技术，鼓励企业使用符合可持续标准的技术和产品，并且对使用清洁能源汽车、可再生能源设备的住户进行优惠。

位于斯德哥尔摩的哈默比生态城（Hammarby）是瑞典推动生态住区的试点性项目（图2-9，左图），开发了一套水资源和垃圾处理的生态循环系统，实现了对环境影响减少50%的目标。另外，2001年在瑞典马尔默举办了"明日之城"（Bo01 City of Tomorrow）欧洲住宅博览会，这个项目也开发成为欧洲生态住区示范区（图2-9，右图），获得2001年欧盟"推广可再生能源奖"。

①瑞典在租赁住宅的改造过程中，需要争取到全部居民的同意才能展开实施。因此，房产公司（公共或者私人）通常会在项目将要的实施的提前2年左右就告知居民，展开与居民的协商工作。设计师在设计过程中通常都需要听取居民的意见，在方案的设计和实施过程中也不断地与居民协商。

图2-9 瑞典生态住宅区建设
（左图：哈默比生态城，斯德哥尔摩；右图：Bo01生态住区，马尔默）

2）德国

1960年之前，德国的工业化技术主要依靠引进丹麦和法国的体系。在1958年建造了装配式构法的住宅公寓之后，建设了最早的构件厂，开始大规模兴建Pca工厂，建造工业化住宅。两德统一后，1958年至1978年之间建造的住宅占全国住宅总数的40%。1990年代德国政府针对住宅问题进行了大规模的改造（图2-10），再生市场约占到了住宅建设市场总量的1/2，特别是原东德地区的大板住宅。

德国住宅改造关注以下几个方面：

①节能改造：政府方面，出台《德国住宅建筑节能技术法规》，确立节能标准，并给予一定的优惠补贴。改造内容方面，对住宅外墙、屋顶、地下室、窗户等进行节能改造，并采用集中供暖。随着时间的推移，逐渐开始关注改造和技术的创新、新能源利用等。

②住区环境改造：改善道路、绿化、儿童活动场所等设施。

③公共区域改造：主要是指入口门厅、楼梯、电梯、屋顶等部位，改造措施主要有加建电梯（加建电梯通常与楼梯、门厅改造相结合）、增加无障碍设施、使用预制装配式楼梯、公共区域增加灯光、色彩、屋顶绿化、安装太阳能等。

④户内改造：主要针对房间功能使用不足的问题，利用隔墙对户内重新划分、通过增加阳台扩大户内面积、改造厨房和卫生间、更换设施等。

⑤立面改造：立面改造通常与外墙加保温层、加建阳台、增加太阳能装置、遮阳构件等结合。由于立面改造能直观地改善住区风貌，因此在住区改造中较为普及。

图2-10 德国住区改造·麦卡什住区

3）荷兰

荷兰土地资源较少、人口密度高，因此住房短缺一直是荷兰面临的重要问题之一。荷兰住宅存量总计730万套（CBS荷兰统计局2012），从1964年至1990年每年新增住宅数量超过10万套，占住宅存量的重要比例。荷兰的存量住宅中，60%为自住，40%为出租，而其中四分之三的租赁住宅属于社会租赁部门（图2-11）。

荷兰政府通过建设公共住房解决住宅问题。在社会住宅[①]领域一直被认为是最有经验和成就的国家之一，与欧洲很多国家社会住宅环境品质较差的情况相比，荷兰通过社会住宅的建设实现了人人有住房的社会理想。例如在阿姆斯特丹和鹿特丹，社会住宅的比例达到70%左右。

与欧洲国家普遍在1980年代建设量开始下降相比，荷兰一直到1990年代住房的需求仍然保持上升的趋势，1990年代中期以后，住房建设的主要活动变为对大规模存量住区的更新和改造。在住区更新和改造中，荷兰政府针对不同的情况采用拆除、改造和保留建筑的措施（图2-12）。

荷兰住宅改造主要关注以下几个方面：

①功能混合：改善高密度居住条件下对于基础设施的需求，通常在住宅改造中结合基础设施，例如将住宅的底层改造为幼儿园、社区中心等公共服务功能，或者停车、增加庭院等辅助设施。

②改造与重建相结合：对于建筑质量和情况相对较好的地区，采用硬件改造，提升住区品质；对于情况比较差的地区，采取部分拆除的措施，提升街区整体环境，吸引高收入者入住，保持社会结构。

③考虑不同人群：住宅改造中考虑不同人群的需求，单亲家庭、抚养残障人士的家庭、退休人员、老年居民等，分不同的户型。

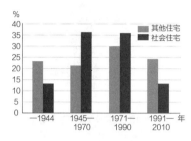

图 2-11 荷兰住宅类型比例
（资料来源：参考文献[12]）

①社会住宅
在欧美很多国家，社会住宅往往代表由公共机构建设的大型住区群，因为设计标准低、造价低、社区环境品质差、低收入和弱势群体聚集形成社会问题。
荷兰的社会住宅由政府授权住房协会建设和管理，由于有政府补助，建造品质极高，也打破了其他国家社会住宅恶性循环的处境，提供了舒适的居住环境。

图 2-12 荷兰的建筑再生案例
（左图：工厂改造为学校-室内实景；右图：居住区底层和立面改造）

4）日本

（1）住宅概况

日本的住宅建设有两次高峰，一次出现在1960年代末期至1970年代之间，"二战"后的第一代"婴儿潮"成年时期，组建家庭带来的严峻的住房需求。住宅建设的第二次高峰出现在1980年代后期至1990年代之间的第二代"婴儿潮"成年，虽然受到了之后泡沫经济的影响，但住宅的建设量仍然维持较高的水平（图2-13、图2-14）。2000年以后，日本住宅建设量下滑，住宅产业开始向存量型转变。2006年日本开始实施《居住生活基本法》，彻底将住宅建设的重点由"量"转向"质"。2013年，日本全国存量建筑面积72.6亿m²，其中住宅54.3亿m²，同年的住宅调查统计显示，既有住宅6063.1套，而820万套空置，住宅空置率达到13.5%（图2-15）。

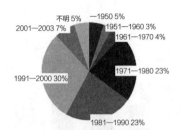

图2-13 日本不同时期的住宅存量
（日本总务省统计局）

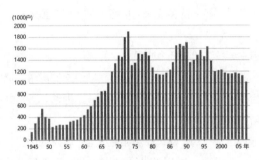

图2-14 日本住宅建设逐年变化
（日本总务省统计局）

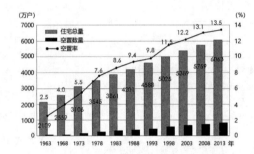

图2-15 日本住宅总量、空置数量及空置率变化
（日本总务省统计局）

表2-6 日本主要再生计划

再生计划	主要内容
大阪府住宅单位改善项目	• 1992年，大阪府管理133,000套住宅，其中一半是1965—1975年建造 • 改造主要针对住宅套内布局改善，增加套型面积
东京市政府开展的"超级更新计划"	• 1998年发起，东京都政府有260,000套住宅，其中40%是1965—1975年建造 • 增建电梯，改造套内单元布局 • 保留结构部分，改变楼层平面 • 无障碍设计 • 住户自行安排暂时到其他地方居住，改造后房租提高，租户回迁可获得补贴
功能提升计划	• 通过增设高效厨房系统、厨房收纳空间、热水器等设施改善住宅套内功能
更新项目计划	• 针对空置的住宅 • 少量日式房间，有不同机制和计划提供给住户 • 新的电气系统、无障碍设计等
全面的住宅区更新整备计划	• 拓展机动车停车区域、设置自行车停放区域、设置多功能广场、维护改善儿童游戏区域、增设花园小径和人行通道、配置植物、改善楼梯间入口、设置坡道等
其他改造计划	• 针对多层住宅和公寓进行楼梯井、外廊增建，解决无障碍问题，满足老年住户需要

表 2-7　日本住宅再生相关政策

1981年- 新抗震设计法住宅都市整备公团成立
1988年-百年住宅体系
1993年-环境基本法
1994年- 促进建设高龄、残障人士方便使用的特殊建筑物法律
1995年-抗震改造促进法
2000年- 建筑基准法的性能规范化
2002年- 建筑基准法第十次修订室内空气品质对策既有住宅性能表示制度
2006年-抗震改造促进税收制度
2007年- 200年住宅构想
2008年-促进节能改造的税收制度
2009年-长期优良化住宅认定制度
2013年-既有住宅诊断手册

（2）团地再生

"团地"是日语中居住区的说法。对于大量的存量住宅，日本政府推出了一系列政策支持开展住宅再生（表2-7）。20世纪80年代对住宅的再生改造多侧重于提升日常需求，是小规模的修缮。2000年以后，住宅再生的内容逐渐多样化，鼓励在保留住宅主体结构前提下，对公共住宅实施如扩建、室外环境改善等措施（图2-16）。日本各地实施了各种以住宅建筑本体或者住区为单位的再生计划（表2-6），内容广泛涵盖了应对老龄化、便利性、住宅劣化、节能、安全性等各个方面。例如1998年发起的"东京都营住宅超级更新计划"，对东京都政府拥有的260,000套住宅中的一半进行了全面改造，改造内容包含：

①提高居住性：改变住户规模和户型，改变热水供应方式；
②适应老龄人群：设置无障碍设施，改修洗浴空间；
③确保安全性：改善双向通道，厨房墙壁不燃化；
④改善居住环境：设置视听天线，改善景观，配置公共设施。

（3）住宅长期修缮计划

住宅长期修缮计划是为了确保住宅使用过程顺利、有效对其进行维护而制定的一个目标和计划。该计划中规定了住宅的各个部位需要进行修缮的周期以及费用等。其中以12年为一个周期的住宅大规模修缮是该项计划的重要环节。

图 2-16　日本光之丘团地再生
（上图：再生前，日本UR机构提供；下图：再生后）

5）新加坡

（1）住宅概况

新加坡建屋发展局（Housing Development Board，HDB）成立于1960年，由其规划建造的公共住房（又称组屋）是新加坡的主要住房类型。20世纪60年代至90年代，新加坡为中低收入阶层建造了62.8万套住宅。目前有超过80%的新加坡居民居住在组屋中（图2-17），不仅解决了住房需求，也建立了以户外邻里空间为载体的社区生活。

（2）"组屋"的建造与再生

新加坡组屋规划和建设主要经历了三个阶段，从最初快速建造下的简易住宅，到发展中期探索适应不同居住需求的住宅类型，再到成熟时期注重可持续居住空间的营造。

1960年代为了解决人口迅速增长与住房严重短缺的问题，第一批组屋开始规划建设。第一代组屋注重低成本和实用性，以最短时间和最经济的方式提供尽可能多的住房单位，由于早期的住宅强调建筑朝向，减少热带地区阳光的直接穿透，因而街区布局较为保守。

1970年代后期到1980年代是新加坡组屋环境建设的转型时期，在初步缓解了住房短缺问题后，建屋发展局转向了更为长远的住房规划和居住需求。经过不断改进，逐步形成了"新镇模型"，新镇中心周边环绕居住区，一个社区中心提供服务，也是目前新加坡典型的提供住宅、商业、康乐和公共设施等整体居住环境的可持续新市镇模型。

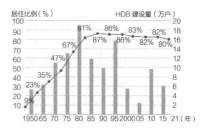

图2-17 新加坡组屋建设量与居住比
（新加坡建屋发展局）

表2-8 新加坡住区更新项目分类

类型	重建类	更新类			维护类
名称	选择性重建计划（SERS）	电梯升级计划（LUP）	家庭改善计划（HIP）	邻里更新计划（NRP）	外墙粉刷（Repainting）
改造条件	政府遴选	1990年以前政府遴选 75%居民同意	1986年以前政府遴选 75%居民同意	1995年以前政府遴选 75%居民同意	周期维护/5年居民投票选择外墙方案
改造内容	推倒重建	改建增建电梯	基本改善项目 可选择改善项目 增强型改善项目	住栋级改造 区域级改造	外墙整体粉刷
施工周期	几年	≥1年	10天/每户	≥1年	≥1年
支付比例	平面估价	政府承担部分，居民承担不超过3000新币	基本改善政府承担，其他改善居民承担5%~12.5%	政府承担	政府承担

到1990年代，前期组屋均质化的户外空间和建筑模式受到反思，转向"地产模式"，通过采用新的布局形式和建筑设计，增加建筑景观的多样性，从而提升社区认同感和可识别性。与此同时，由于早期快速建造的组屋注重功能性和实用性，在后期使用中无法满足居民生活需求，从1992年的示范性更新计划开始，新加坡建屋发展局陆续开展了多项组屋翻新计划。经过三十年的发展和调整，形成了包含重建、更新、维护等在内的成熟的住区再生体系（表2-8）。

新加坡的组屋再生强调邻里更新、改善住栋间的和邻里间环境，为居民的邻里交往活动提供可选择的公共空间和设施。其更新的过程采用居民和政府间的双向选择，从前期对象筛选到更新计划实施形成了一个多方参与的实施流程（图2-18），为今后可持续更新打下了基础（图2-19、图2-20）。

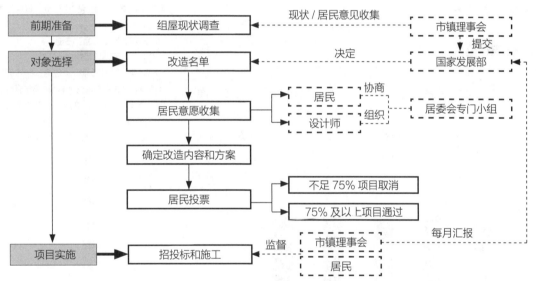

图2-18 新加坡组屋再生的流程

图2-19 多样化的住宅建设－翠城新景

图2-20 住区再生－立面改造

2.3 国内建筑再生实践

2.3.1 国内建筑再生概况

我国从1952年起实施"统一管理，以租养房"和"奖励维修、保养现有房屋"的房屋管理政策。改革开放之后，随着1985年国家颁布《城市住宅建设技术政策》，加速了现有住宅建筑改造7项政策的确立，极大地推动了既有建筑改造的进程。进入21世纪以来，城市建筑更新迎来了新的发展，尤其是大规模的住宅建筑改造，北京、上海等地广泛开展了平改坡、墙体粉刷等改造工程。然而总体上，20世纪80年代以来，我国城市建设一直处于高速增长的阶段，在商品化住宅迅猛发展近40年以后，人均居住面积提高，城市化建设的模式逐渐由增量向存量转变。

1）住宅存量

我国住宅建筑存量巨大，2018年我国城镇居民人均住房面积39m²，已经赶上并且超过了很多发达国家水平。同时也可以看到，自1998住房改革[①]以来，由于居住水平的不平衡，特别是计划经济

①计划经济下以福利住房为主的住房体系向市场经济下的商品住宅转变，其中标志性的节点有：
- 1981年，职工购房三三制；
- 1990年，取消职工购房三三制；
- 1994年，针对已建公有住房，标准价购买房屋，个人拥有部分所有权，5年后所有权归个人；"房改房"的出现；建立了住房公积金制度；
- 1998年，深化住房制度，取消福利分房。

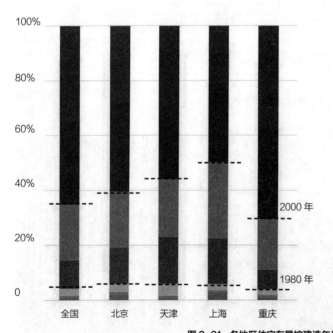

图2-21 各地区住宅存量按建造年代划分占比
（2020年第七次全国人口普查数据）

时代建造的大量城市老旧住宅品质退化问题，已经引起各方关注。据2020年第七次人口普查数据显示，全国2000年前建造的住宅存量占全部住宅存量的31%。其中以四个直辖市为例，北京市超过33%，天津市37%，上海和重庆分别为42%和30%（图2-21）。

我国的存量住宅再生有以下几个特点：第一，庞大数量的新建住宅与大量低标准老旧住宅并存，老旧住宅的居住舒适度和节能亟待改善和提升；第二，针对存量住宅，目前各地的改造方式主要是自上而下地政府主导推动；第三，国家确立多项专项课题，其成果主要倾向于实用性和技术性；第四，既有建筑更新改造量大面广，涉及多学科专业领域，综合性和交叉性强，需要良好的整体性设计。

2）政策演变

20世纪70年代末至80年代初，伴随着大规模的危旧房拆除，我国开始了前所未有的改造热潮。既有建筑的改造活动主要受国家政策的引导，经历了如图2-22所示的几个阶段。2000年以后，虽然大量建设仍然是我国住宅发展的主要趋势，但是同时，从国家层面开始大力倡导"既改"活动，主要的几个政策推广包含北方既有建筑节能改造、棚户区改造、老旧小区综合整治等，表2-9列举了2000年以后以居住建筑改造为主的国家层面推广政策和目标。

在国家政策的倡导与支持下，我国各地城市纷纷展开了各种形式的既有建筑再生活动的探索。

危房改造	从20世纪70年代末到80年代中后期，全国进行大规模的危房改造，20世纪90年代，年代久远而存在各种问题的旧建筑也被加入改造的行列
节能改造	20世纪90年代初，对既有建筑改造主要着重于节能改造，对不符合民用建筑节能强制性标准的建筑进行改造
节水改造	2006年全国各省市相继加大对既有建筑的改造力度，力争到2020年大部分既有建筑实现节能节水改造，建筑建造和使用过程中节水率要在现有基础上提高30%以上
安全性改造	汶川的地震后建筑的安全性引起各界人士的强烈重视。在"十一五"期间重点对结构加固、地基基础加固改造、移位改造关键技术等进行研究
综合改造	2000年代初期上海"平改坡"开启先河，2006年"十一五"科技支撑计划重大项目《既有建筑综合改造关键技术研究与示范》，促进了既有建筑综合改造关键技术在全国建筑工程中推广应用
绿色改造	2011年"十二五"启动"既有建筑绿色化改造关键技术研究与工程示范"项目，以节能改造为基础有针对性的增加改造内容而成为绿色建筑

图2-22 改革开放以来我国既有建筑再生类型

表 2-9　我国住宅改造相关政策演变

时间	文件名称	关键内容	颁发部门
2007	《国务院关于印发节能减排综合性工作方案的通知》（国发[2007]15号）	提出了"十一五"期间节能改造1.5亿m^2的目标	国务院
2007	《北方采暖区既有居住建筑供热计量及节能改造奖励资金管理暂行办法》（财建[2007]957号）	颁发部分奖励政策	国家财政部
2008	《关于推进北方采暖地区既有居住建筑供热计量及节能改造工作的实施意见》（建科[2008]95号）	明确节能工作的启动实施 制定各省的改造目标	住房和城乡建设部
2008	《北方采暖地区既有居住建筑供热计量及节能改造技术导则》（试行）（建科[2008]126号）	提供节能改造实践的技术指导	住房和城乡建设部
2010	《关于进一步推进供热计量改革工作的意见》（建城[2010]14号）	深化热计量改革，规定供热计量改造后建筑按供热计费	住房和城乡建设部、国家发展和改革委员会、财政部
2011	"北方采暖区既有居住建筑节能改造工作会暨部分省市节能改造工作协议签字仪式"	"十二五"期间完成北方既有居住建筑节能改造4亿m^2以上，老旧住宅节能改造任务的35%	国家财政部、住房和城乡建设部
2012	《国务院关于印发节能减排"十二五"规划的通知》（国发[2012]40号）	"十二五"期间完成北方既有居住建筑节能改造4亿m^2以上的目标	国务院
2013	《关于开展北方采暖地区集中供热老旧管网改造规划编制工作的通知》	—	住房和城乡建设部
2014	《关于推进土地节约集约利用的指导意见》	逐步减少新增建设用地规模，着力盘活存量建设用地	国土资源部
2015	中央城市工作会议	有序推进老旧住宅小区综合整治，力争到2020年基本完成城镇棚户区、城中村和危房改造	国务院
2016	《关于进一步加强城市规划建设管理工作的若干意见》	强调大力推进城镇棚户区改造，有序推进老旧住宅小区综合整治，推广建筑节能技术	国务院
2016	《关于深入推进新型城镇化建设的若干意见》	全面提升城市功能，推动棚户区改造与名城保护、城市更新相结合，有序推进旧住宅小区综合整治	国务院
2017	《关于印发建筑节能与绿色建筑发展"十三五"规划的通知》	积极探索以老旧小区建筑节能改造为重点，多层建筑加装电梯等适老化设施改造、环境综合整治等同步实施的综合改造模式	住房和城乡建设部
2018	《关于进一步做好城市既有建筑保留利用和更新改造工作的通知》	鼓励按照绿色、节能要求，对既有建筑进行改造，增强既有建筑的实用性和舒适性，提高建筑能效	住房和城乡建设部
2020	《关于全面推进城镇老旧小区改造工作的指导意见》	明确城镇老旧小区改造任务，重点改造2000年前建成的老旧小区。改造内容可分为基础类、完善类、提升类	国务院
2022	《"十四五"新型城镇化实施方案》	重点在老城区推进老旧小区、老旧厂区、老旧街区、城中村等"三区一村"改造，探索政府引导、市场运作、公众参与模式	国家发展和改革委员会

3）各地实践

回顾我国各地城市住宅改造与更新的发展历程，主要有以下几个重要阶段和模式转变。"十一五"时期，随着既有建筑改造实践及国家相关研发计划的增多，研究对象涵盖公共建筑、居住建筑等多种类型，研究内容由关注节能改造逐步向综合品质提升与低碳改造等方向移转，典型项目有在唐山、北京、太原等地展开一些试点工程，引入国外在外墙保温、室内通风等方面的先进技术。进入"十三五"时期，虽然我国大规模的老旧小区与建筑改造仍由政府主导，但全国各地也出现了积极探索不同方式的更新改造与品质提升的做法，包括社区微更新、社区治理规划等（表2-10）。

随着城市既有建筑改造逐步向纵深方向发展，各地因地制宜地开展特色的住区建筑再生，一方面预示了传统政府主导下的"自上而下"工作模式的转变，另一方面也反映了人民群众对于更高目标的居住环境与品质的需求。表2-11和图2-23列举了我国部分城市既有居住建筑改造活动。概括我国各地既有居住建筑改造模式，大体可以分为四类：

以居住建筑节能改造为主的模式：应对既有居住建筑高能耗、环境负荷大的问题，以北方地区既有居住建筑外围护结构加保温层改造最为规模大，同时进行供热计量、管网改造、使用新能源等方式。

以居住功能的综合改造为主的模式：应对既有住区环境和建筑功能劣化，进行的以功能提升为主的综合改造，例如抗震加固改造、加面积改造、环境整治提升等。

以既有住区的适老化改造为主的模式：应对既有居住建筑无法满足老龄化需求的问题进行的适老化改造，例如老旧小区加电梯、入口增加坡道、社区养老服务提升等。

以社区营造与智慧社区建设为主的模式：应对既有居住建筑设施老旧、管理不到位等问题，进行的智能家居改造、社区便民服务管理、智慧社区、医疗服务网络化等改造模式。

表2-10 我国"十一五"至"十三五"国家重点研发项目列举

时间	研发课题	居住建筑相关子课题	主要研究成果
"十一五" 2006—2010	既有建筑综合改造关键技术研究与示范	• 既有居住建筑综合改造示范工程建设 • 既有建筑居住区环境综合改造及规划技术研究	• 唐山、北京、太原等地开发的先期试点改造项目 • 既有居住建筑综合改造技术等
"十二五" 2011—2015	既有建筑绿色化改造关键技术研究与示范	• 典型气候地区既有居住建筑绿色化改造技术研究与工程示范	• 既有居住建筑绿色化改造关键技术 • 绿色建筑标识等 • 案例：哈尔滨河伯小区绿色化改造工程
"十三五" 2016—2020	既有居住建筑宜居改造及功能提升关键技术	• 既有居住建筑宜居改造及功能提升技术体系与集成示范	• 既有居住建筑宜居改造关键技术和相关产品 • 既有居住建筑宜居改造及功能提升实施效果评价等

表 2-11 我国各地既有住区建筑改造活动列举

北方地区：以节能改造为主的环境整治	
北京	抗震加固、综合整治、节能 75% 改造试点、加面积、加电梯、适老化改造等
天津	市容提升、装饰性改造、节能改造、功能提升、远年住宅改造等
哈尔滨	装饰改造、严寒地区既有居住建筑节能改造等
大连	城市基础设施改造、暖房子工程等
其他	沈阳居住建筑供热计量和节能改造、济南居住建筑节能改造、石家庄老旧小区改善、西安老旧小区更新完善工程等
南方地区：以环境整治为主，推广环境微更新的社区治理	
上海	早期的"平改坡"、加电梯、6+1 加层改造、基础设施改造、社区规划师、适老化改造等
广州	"三旧"改造、加电梯、环境微更新等
深圳	城中村改造为青年公寓、保障房等，探索市场化等
杭州	加装电梯、遮阳、提升绿化、增设停车设施、雨污分流等
南京	早期的住宅"出新"（环境治理）、社区规划师、智慧社区等
其他	江苏老旧小区改造指引、成都社区智慧治理等

"暖房子"施工现场：住宅外搭脚手架贴外保温层

外立面装饰性改造：外立面增加装饰性窗台板，同时增设空调机位

环境整治：立面增加空调外挂机位置、增设自行车棚等

养老服务中心：将住区中空置的建筑改为养老服务中心

图 2-23 我国各地既有住区建筑改造活动列举

2.3.2 各城市建筑再生实践

1）北京

北京市既有建筑再生和城市环境品质提升在全国有重要的示范意义。由于是在老旧小区改造方面，北京是全国开展较早且改造政策和改造形式都较为全面的城市。

据统计，2022年北京市存量小区近2万个，其中一半以上分布在中心城区。北京市存量住宅从房龄来看（图2-24），2000年以前建造房龄超过20年的占约33%，其中房龄在30年以上的占到11%。北京较早在2007年为迎接奥运会展开老旧住区环境整治，也推动了全国各地"大型事件推动型"的改造实践。此后，北京陆续开展了"房屋建筑抗震节能综合改造""老旧小区综合整治""老旧小区摸底调查""多层住宅增设电梯"等建筑改造实践（图2-25、图2-26）。

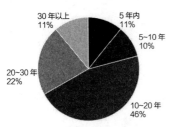

图2-24 北京市住宅存量房龄分布
（参照资料：安居客房产研究院）

（1）既有建筑改造政策

北京市既有建筑改造的特点是以政策为主导，试点项目先行，形成一定的技术规范再进行推广。北京既有建筑改造的相关法规政策，从宏观到微观可以分为四类，如表2-12所示。法律规范主要是从顶

表2-12 北京市既有建筑（居住类）改造主要法规政策

法律法规	《北京市物业管理条例》 《北京市生活垃圾管理条例》 《北京市街道办事处条例》 《北京市文明行为促进条例》 《北京历史文化名城保护条例》等	法律规范主要是从顶层约束，明确责任机构和目标，形成保障体系
社会发展规划和空间规划	《北京市国民经济和社会发展第十四个五年规划和2035远景目标纲要》 《北京城市总体规划（2016年-2015年）》 《北京城市总体规划实施工作方案（2017-2020）》 《北京城市副中心控制性详细规划（街区层面）（2016-2035年）》等	社会发展规划和空间规划从不同的层级制定发展目标
政策文件	《国务院办公厅关于全面推进城镇老旧小区改造工作的指导意见》 《住房和城乡建设部关于推进老旧小区改造试点工作的通知》 《北京市老旧小区综合整治工作手册》 《北京市住房和城乡建设委员会关于加强老旧小区房屋建筑抗震节能综合改造工程质量管理的通知》 《房屋建筑工程抗震设防管理规定》 《关于组织开展老旧小区摸底调查的通知》 《北京市2016年既有多层住宅增设电梯试点工作实施方案》 《北京市推进供热计量改革综合工作方案》等	政策文件提供了实施的纲领性文件以及针对特定环节的专项实施方案，有具体的操作依据和操作方法
技术标准	《城市旧居住区综合改造技术标准》 《老旧小区抗震加固标准设计图集》 《既有居住建筑节能改造技术规程》 《城市既有建筑改造类社区养老服务设施设计导则》等	技术标准包括了国家、地方、行业、团体等不同标准以及设计导则，提供实施技术细则和要求

（参照资料：参考文献[13]）

层约束，明确责任机构和目标，形成法律保障体系。社会发展规划和空间规划从不同的层级制定发展目标。政策文件提供了实施的纲领性规定以及针对特定环节的专项实施方案，有具体的操作依据和操作方法。技术标准包括了国家、地方、行业、团体等不同标准以及设计导则，提供项目实施的技术细则。健全的法律规范和政策标准是既有建筑再生实施的保障和依据。

（2）"首开经验"和"劲松模式"

在经过既有住区一系列以政府为主导的改造之后，北京开始探索引入社会资本和管理，建立长效机制，形成了一定的治理模式和经验。其中以"首开经验"和"劲松模式"较为典型。

首开经验

"首开经验"是国有企业参与老旧小区改造的典型模式。以"政企合作"的方式，探索城市精细化管理中的基层治理体制。在石景山十万m^2老旧小区综合整治中，进行了楼梯抗震加固、节能改造和公共区域更新，项目完成后由专业物业管理，制定了包括定期检测、维护公共设施设备、规范停车等管理服务。

劲松模式

2018年劲松社区试点，借助物业管理服务，在政府补贴的基础上引入社会资本，并且通过使用者付费、商业收费等方式形成多渠道的融资模式。一方面吸引社会力量投入老旧小区改造，形成了一定期限内的投资回报平衡，另一方面以居民为中心，形成居民商议的社区协商制度。

图2-25 莲花西里－加装电梯

图2-26 首开寸草学知园社区养老中心改造后立面

2）上海

据统计，2022年上海市存量小区近3.3万个，其中房龄超过20年的小区占超过46%，房龄在30年以上的达到16%（图2-27）。上海市是我国既有建筑再生开展较早的城市。20世纪末，上海在计划经济向市场经济过渡的转型过程中，率先跨入了城市住宅更新改造的阶段。1999年开始上海实施"平改坡"，内容包含平屋顶改坡屋顶（保温、隔热和渗漏处理）、房屋整修、环境整治和配套设施完善等（图2-28），2008年开始平改坡工程增加了节能环保的要求。之后上海出台了《上海市旧住房综合改造管理办法》，将成套改造、厨卫改造、屋面及相关设施改造等三类旧住房综合改造项目作为重点，增加了增设电梯、适老化改造、社区微更新等内容。

在上海的既有建筑再生实践中，文化遗产的保护占据了重要的地位。其中石库门里弄建筑、外滩、工业遗产、苏州河沿线、新村住宅等，形成了针对不同建筑类型和性质分级保护制度，探索了修缮、加建、移位、扩建以及复建等再生模式。

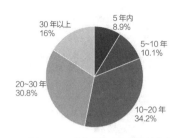

图2-27 上海市住宅存量房龄分布
（资料来源：安居客房产研究院）

石库门里弄的再生

石库门里弄是最富有上海特色的城市空间和居住形式，自19世纪末到20世纪30年代，上海建造的近2300万㎡的里弄住宅，是受到西方城市房地产经营方式影响的最具特色的一种建筑类型。石库门里弄建筑目前的再生模式大致可以归纳为：拆除重建转换为商业功能的新天地模式（图2-29），拆除重建保留居住功能的建业里模式，保留原有建筑并改善居住功能的步高里模式，保留原有建筑及产权结构并转换为商业功能的田子坊模式等。

图2-28 平改坡
（资料来源：新华社，2004年）

图2-29 新天地实景
（资料来源：参考文献[14]）

3）广州

广州城市及建筑具有悠久的历史，既有建筑再生也独具特色。据统计，广州有存量小区1.43万个（图2-30），2008年以前主要针对危旧房屋进行了改造。之后广州开始开展包含旧城镇、旧厂房、旧村庄的"三旧"改造，不仅从建筑本体修缮、环境设施改善等方面进行了硬件改造，同时从经营、文化、物业等多方面进行了提升。2015年之后，广州以微更新为主，形成了具有代表性的建筑微更新模式。

受岭南文化及亚热带气候影响，广州建筑再生关注当地人的行为适用特征、规律以及亚热带气候特点，同时注重岭南文化传承。广州在既有住区再生实践中，将老旧小区分为三种类型[①]：街巷型老旧小区、单位大院型老旧小区、商品房型老旧小区，根据不同的类型提出相应的改造方式。

图2-30 广州市住宅存量房龄分布
（资料来源：安居客房产研究院）

微更新模式

微更新是广州城市更新过程中率先提出的更新方式，也是广州建筑再生的特色。在维持既有建筑基本格局不变的前提下，通过建筑局部拆建、功能置换等进行保留修缮，以及对城市基础设施进行整治、改善、活化、完善等。

广州市的微更新涉及建筑类型的范围较广，包含了老旧小区的各项改造内容、危房整治、文物或历史建筑、历史文化街区、风貌区、传统村落保护等（图2-31）。其中老旧小区微更新中包含了小区绿化、院墙、路灯、地面铺装等基础设施的改善和提升，以及部分住宅加建扶手、电梯等无障碍设施。历史街区微更新中，以永庆坊为例，在延续旧区肌理的前提下，外轮廓不变进行建筑立面更新，一方面对有价值的老房子进行加固和修复，还原历史风貌，另一方面引入通透、开放的现代业态元素，让"旧"和"新"充分地有机结合，使旧街区焕发新生的活力。

①广州老旧小区三种分类及改造思路：
- 街巷型老旧小区：街巷狭窄、道路复杂、少量多层和小高层穿插其中、部分历史建筑。由于建设时间较早，住宅建筑的建设、小区公共服务设施已经不能满足基本居住要求，改造设计中首先排查最为紧迫的民生部分内容，通过改造设计满足基本生活要求。
- 单位大院型老旧小区：多层住宅，行列式布局为主，建筑破旧。整栋之间形成公共空间，缺乏活动设施。改造设计优先排查民生内容，有条件的小区可以增加优化提升项内容。
- 商品房型老旧小区：有集中绿化场地，部分楼体设施老化，植被有待修缮，适老化设施不足，公共空间活力不足，停车不足。改造设计从居民的基本服务需求出发，完善服务设施。

图2-31 广州微更新案例
（左图：住区微更新，梅东社区；右图：历史街区微更新，永庆坊）

4）深圳

深圳市在过去40年中，城市建设迅速发展。作为改革开放的先驱，深圳最早开始住宅市场化转型，突破计划经济时期的住宅建设模式，取得了巨大成就（图2-32）。其住宅设计也形成多样、丰富的特色，成为我国城市住宅最具代表性的城市之一。

根据2019年建筑物普查数据，深圳市住房总量约1128.8万套，其中私人自建房577万套，占住房总量的51%，在各类住房中比例最高。另外商品房占17%，公共住房5%，宿舍及其他住房占27%（图2-33）。住房自有率低是深圳市住房的一个突出特点。

在深圳市存量住房中，2000年以前建造的房屋占32%（图2-34）。由于城市建设速度过快，在快速建设的同时出现城中村无序建设、老旧小区配套不完善、职住分离、建筑形态与经济社会发展不协调等问题。由于土地置换带来的经济利益驱动，深圳在长时间内以拆除重建作为主要的再生模式。2010年以后，深圳总体规划[1]提出"增量扩张"向"存量优化"转型，对既有住区的建造方针转变为以综合整治为主。

①《深圳市城市总体规划（2010—2020）》

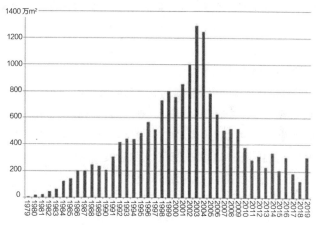

图 2-32　深圳市住宅建设
（深圳市统计年鉴）

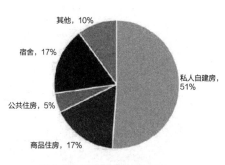

图 2-33　深圳市住宅类型比例
（深圳市统计年鉴）

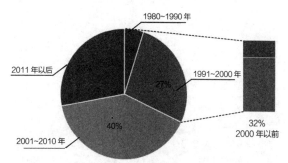

图 2-34　深圳市住宅存量按年代比例
（深圳市统计年鉴）

（1）高密度城市建设

由于土地资源紧缺，深圳的城市发展与其高密度建设密不可分。在建筑设计方面，高容积率、高层数、立体设计等成为关键词。20世纪80年代，深圳建造了中国大陆地区规划建设的第一个高层居住区（图2-35），到1990年代，大量的高密度非正规建设兴起，城中村"握手楼"在这一时期大量涌现。

据深圳市规划和国务资源委员会统计，2006年，深圳每km²人口达到4334人，成为全球高密度人口城市之一。2016年深圳超过40%的项目容积率在5~7，部分更新项目的平均容积率达到7以上。在住宅、办公楼、中小学建筑等各个类型上，都形成了以立体设计为主的发展方式。

（2）既有建筑改造类型

深圳市较早在2009年开展的"城迎大运会市容环境提升行动计划"中，对主要街道实施了建筑立面刷新和屋顶改造、街道家居清洗、交通设施翻新、景观节点改造升级等几项工程，俗称"穿衣戴帽"（图1-11），在一定程度上改善了建筑立面和提升了环境美观。

另外，在对既有住区综合整治中，指出针对基础设备设施、治安防范、消防安全、公共卫生及周边环境4大类的16项改造内容。同时，管道燃气等改造也在老旧住区和城中村进行。

城中村改造模式

深圳市房屋类型中，城中村农民房或者私人自建房总建筑面积达1.2亿平方米，占全市住房超过一半，城中村的建设和改造也是深圳快速城市化发展以及现代化城市建设的产物。深圳城中村改造模式主要有：文商旅模式（图2-36）、公共租赁住房模式（第6章，案例08）、拆除新建模式、综合整治模式等①。

①城中村改造主要模式：

-文商旅模式：在城中村改造中植入文化、商业、旅游等元素，以介入实施为导向、由点及面渐进式激活、以文化活动促进发展模式。

-公共租赁住房模式：将城中村改造为保障性住房，纳入政府公共租房市场，是深圳市对城中村改造和保障性住房建设的探索。

-拆除新建模式：能够较为彻底地解决建筑标准与城市发展脱节问题，但其导致的房价、租金上涨等问题又形成了挤出效应。

-综合整治模式：市政配套设施完善，包括修缮道路、屋面、提升排水系统和强电弱电系统、修缮栏杆围墙、完善监控系统、更新消防设施等。

图2-35 白沙岭住区－中国大陆地区规划建设的第一个高层住区

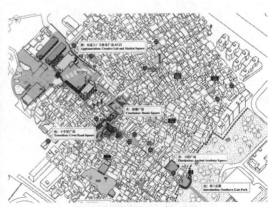

图2-36 城中村改造设计－南头古城
（资料来源：参考文献[15]）

5）大连

大连是我国近代新兴的海港城市，其城市和建筑风格带有较强的殖民地文化色彩，在城市建设的过程中，逐渐形成了"青泥洼桥""天津街""中山广场""南山街"等有特色的城市节点。大连的城市建筑再生与其近现代历史建筑的再利用不可分割。

大连港15号库

由满铁株式会社于1929年建成。原建筑为4层钢混结构无梁楼盖体系的工业仓库，曾是亚洲最大、设施最先进的港口单体仓库。目前15号库经过内部改造，成为文化、商业、娱乐结合的新地标，在改造过程中最大限度地保留了建筑外观（图2-39）。

南山近代住宅群

俗称"南山老房子"，20世纪初开发的日本人居住的住宅区，建筑质量较高，是大连近现代住宅区的典型代表。2010年之后，由于住宅开发，大部分的南山老房子被拆除，有一部分被保留下来，有部分进行了原址重建（图2-37、图2-38）。

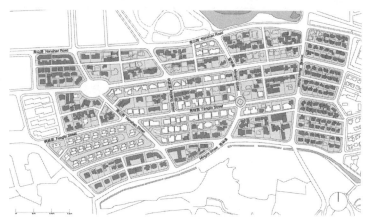

图 2-37　南山近代住宅群总平面图

图 2-38　南山近代住宅群示例

图 2-39　大连港 15 号库

本章思考题

1. 国外建筑再生模式有哪些,特点分别是什么?以国家为例举例说明。
2. 国内建筑再生模式有哪些,特点分别是什么?以城市为例举例说明。

第 3 章

策划与调研
Programming and Investigation

与新建建筑相比,既有建筑再生大多是为了解决某种问题而展开的,其面临的对象和目标都更为复杂。在既有建筑再生的流程中,通过系统的实态调查掌握建筑和环境的客观状态,进行科学合理的建筑再生策划尤为重要。本章概述再生策划的基本原理和流程,详细介绍在既有建筑再生策划过程中常用的实态调研方法。

另外,本书中前面讲述了建筑再生的一般原理,并且以居住建筑为例进行了说明。书中用"住区建筑"一词代替居住建筑,在本章节中对住区建筑的概念进行详细的阐述。

3.1 再生策划

建筑策划是一项保证建筑设计目标合理的工作，通过建筑策划与调研界定设计问题，然后通过设计找寻解决问题的方法。在建筑再生项目中，往往面临的利益主体多、限制条件复杂，与新建建筑设计相比复杂性更大，更需要采用科学的建筑策划方法以帮助实现合理的决策。

3.1.1 内容与步骤

1）再生策划内容

在建筑策划理论中[①]，有五个开展设计前期策划步骤，即建立目标、收集和分析实际状态、生成和验证概念、确立需求以及陈述问题。目前展开的具有普适性的建筑策划流程基本围绕搜集资料与分析、实际状态以及设计任务书要求3个方面展开。

在新建建筑时，往往会更多地考虑建筑的用途、规模、平面设计、立面设计等内容，而在建筑再生中，则必须具有更加明确的目标，例如"希望改善的对象""希望改善的程度"等，但是对设计手法、实施手段等往往并没有具体的要求。这些内容都是通过再生策划来逐渐明确。另外，再生策划不同于新建建筑策划的主要之处在于对既有环境和建筑的诊断与分析。再生策划中，通常由于涉及的利益主体较多、限制条件更为复杂等，往往需要更多的时间去展开协调。因此建筑再生的项目策划，一般包含了实态调查、基本再生目标的确立、再生对象的诊断与评估、再生计划的决策等。

2）再生策划步骤

建筑再生项目的开始，一般是由于建筑物或者环境出现某些问题、或者使用不满意等原因，以解决问题为导向而产生的。

再生项目启动之后，首先需要充分的前期调查。在建筑策划理论中，将策划的前期调查分为"外部条件调查"和"内部条件调查"。其中外部条件主要是指社会环境、人文环境、自然环境、规划设计条件、基础设施条件等，内部条件主要是指建筑和环境的使用者、使用方式、功能要求等。

在再生策划中，外部条件调查具体包含了搜集再生对象的地段资料、区域规划条件、现行建筑规范、区位交通情况、可达性、社区人

① 建筑策划理论

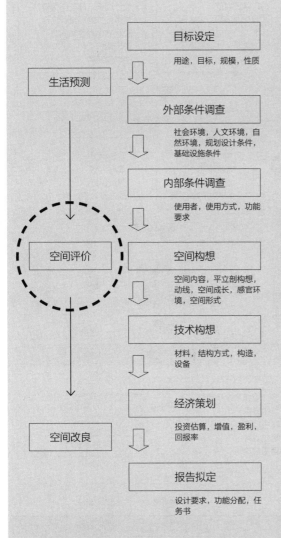

图 3-1　建筑策划的流程
（资料来源：参考文献[6]）

建筑策划学的萌生起始于 20 世纪 60 年代，西方国家和日本均展开了相关理论的研究。1959 年美国人威廉·佩纳和威廉·考迪尔在《建筑实录》中发表"建筑分析—— 一个好设计的开始"一文，被认为是建筑策划的萌芽，威廉·佩纳被誉为建筑策划之父。20 世纪 80 年代以后，以罗伯特·赫什伯格为代表的第二代建筑策划研究学者又将研究不断推进。亨利·沙诺夫 1977 年发表《建筑策划的方法》、1992 年发表《将策划、评估和参与融入设计中》，指出先期策划工作对后期工作和设计的最终成果产生重要影响；多纳·德克 1993 年发表《建筑策划：设计的信息管理》，认为建筑策划是以系统的方法叙述设计问题的脉络；赫什伯格 1999 年出版《建筑策划与前期管理》，指出建筑策划的基础是价值取向，应有意识地搜寻社会、用户、建筑师等各界的价值取向。日本学者在建筑策划研究方面，吉武泰水 1964 年发表《关于计划的研究》、1972~1979 年发表《建筑计划学》，原广司等 1981 年提出《新建筑学大系》之《建筑计画》，青木正夫 1992 年发表《建筑计划学的理念与方法》，侧重实态调查与实测，以大量统计学方法分析，重视基础理论与类型建筑研究。

1992 年清华大学庄惟敏教授第一次将"建筑策划"的概念引入国内，填补了我国相关理论的空白。庄惟敏教授在其《建筑策划导论》一书中指出，"建筑策划是建筑学领域内建筑师根据总体规划和目标设定，从建筑学的学科角度出发，不仅依赖于经验和规范，更以实态调查为基础，运用计算机等近现代科技手段对研究目标进行客观分析，最终得出实现既定目标所应遵循的方法及程序的研究工作"（图 3-1）。

建筑策划是建筑设计前期的重要环节，建筑师为了实现设计目标，通过系统科学的方法对设计问题进行研究，结合调查收集的资料，提炼出有逻辑的设计依据，为下一步的设计提供指导。

口构成与演变趋势、周边重要公共设施等相关基础资料；内部条件调查具体包含了搜集再生对象相关的建设背景、设计背景、设计图纸、施工图、改造维护的图纸文件、现状劣化程度和状态、管理情况、使用情况等资料（图3-2）。

影响决策的因素是衔接前期调查与设计的重要步骤，一方面是考虑明确的再生需求，另一方面是考虑与之相匹配的设计方法，从而明确建筑再生的几种可能性。在此基础上，需要各个视角的评估和比较，以便进行决策。

通过以上步骤，已经初步形成了再生决策的判断，其结论是对再生项目的解析和修正，同时是详细进行方案设计的指导和参考。

另外，在再生策划中还包含了项目的可行性分析、风险评估以及相关产品的策划等，均需要一并考虑从而决策出最现实、最合理的方案。

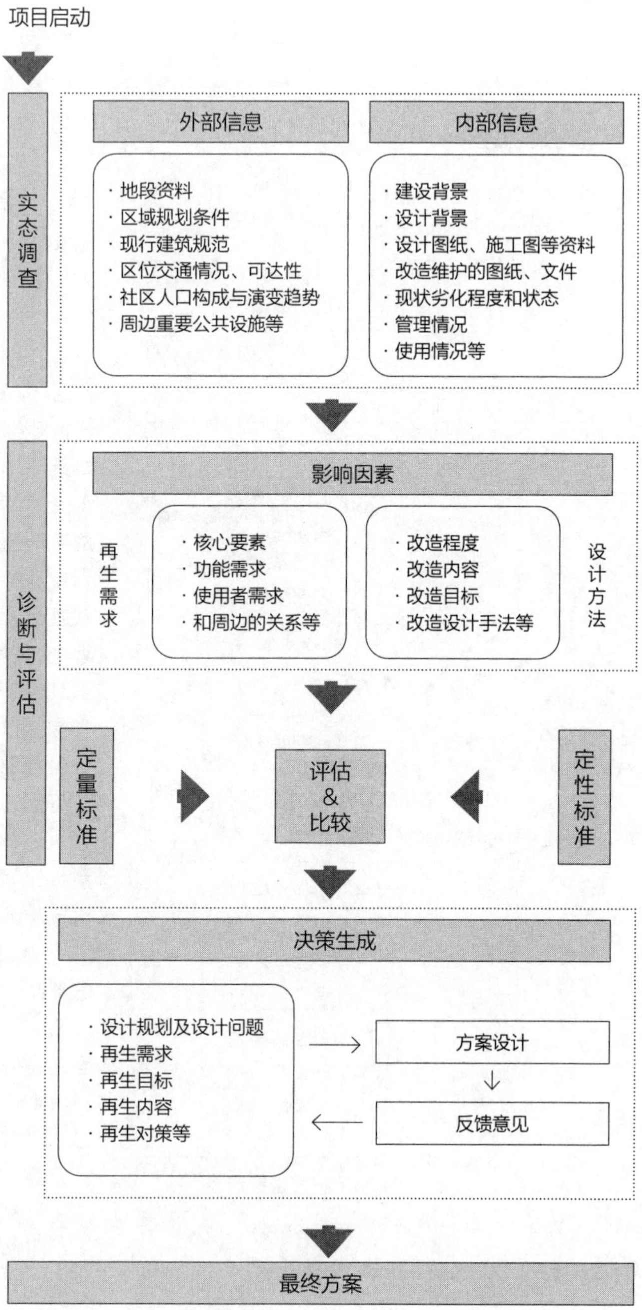

图 3-2　建筑再生典型的策划模式

3.1.2 评估与决策

再生策划的基本模式可以归纳为：从根据事实的实态调查出发，获取相应的资料和信息，其中包括客观信息，例如规范、图纸、维修记录等文件资料，同时也包括人的使用空间的行为和需求等主观信息，进而对实态调研的数据和信息进行统计、比较与分析，运用现代技术手段及跨专业、跨学科的方法进行综合评价和论证，最终获取最合理的决策依据，并在此基础上进行功能、空间等再生设计。

再生策划无论采用何种方式和方法，收集各方面的信息，如业主、用户、场地以及其他因素等都是重要的技术手段，也就是实态调查和分析，其具体的调研方法详见3.2节。

评估与决策是基于实态调研和分析的决策生成过程。再生策划决策的导向，直接影响对建筑设计的指导和界定，对再生工程的最终结果意义重大。然而由于建筑再生工程中往往涉及的利益主体较多、限制条件复杂、实际状态复杂等，导致影响决策和评估的因素繁杂。因此，需要在统一的标准下对各种选项进行客观的评估，以便得出合理的决策。如图3-1所示，在评估和比较的环节，可以分为定性和定量两个方面的标准。定性的标准一般是主观的评价，例如建筑的文化因素、业主以及使用者的主观需求、再生工程的风险和障碍评估等；定量的标准一般是可以计算的价值，例如建筑物和环境在再生过程中产生的碳排放、通过再生带来的环境效益和经济价值等。

再生策划的决策过程也是再生过程中诊断和评估的过程，本书将在第4章进行详细的介绍。

与传统的建筑工程相比，建筑再生大多数时候并不是只有建筑工程的内容，需要更多领域的知识和技术的支持。因此建筑再生策划的主导通常是一个工作团队，由业主（所有者）发起再生计划之后，与建筑师、规划师、相关的市场调查顾问、技术顾问等多方面的专家进行咨询讨论。多专业多学科的专家参与既有建筑再生决策，是保证决策科学性和合理性的重要依据。

我国目前在建筑再生策划领域的专家团队以及专业培训还不是很完善。培养专业的顾问团队、专家以及技术团队，为既有建筑再生策划提供有力的信息支持和专业知识、技术咨询支持，也是既有建筑再生的重要课题。

住区再生策划中的多方参与

既有建筑再生过程中涉及的利益主体较多,以居住建筑为例,政府、社区、居民、专业机构与人员、社会企业等多方主体的参与和协调(图3-3),是促成居住建筑再生顺利进行的保障和动力。

该案例是在大连市中心区周边式某组团范围进行的空间品质提升实践。项目从前期调研、方案提出、方案修订与决策讨论、方案实施四个阶段中,发挥了设计团队、社区居委会、社区居民以及政策部门多方参与的优势。通过艺术介入的方式促进居民参与、增强社区居民联动,实现共建、共治、共享的优化策略(表3-1、图3-4、图3-5)。

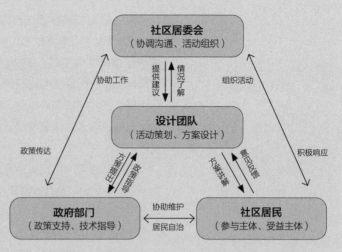

图 3-3 多方参与示意图

表 3-1 参与各方在各阶段的参与情况

	前期调研	方策提出	方案修订和决策讨论	方案实践
设计团队	• 调研院落户外空间现状 • 运用观察访谈、问卷、行为记录等方式了解居民的切身感受和需求	• 分析调研结果,以艺术介入为主要方式,进行方案构想 • 团队内部进行多轮方案讨论	• 汇报方案,介绍方案实施的具体流程 • 解答各方疑问 • 根据居民反馈修订方案	• 墙绘的绘制 • 功能性艺术装置制作 • 指导共享种植活动 • 了解评价使用后情况,做好及时调整的准备
社区居委会	• 配合团队调研,介绍院落基本情况 • 组织居民代表参与会议	• 组织居民代表参加方案讨论	• 根据社区工作经验提出意见并给出相应建议	• 协助完成方案实施工作 • 了解居民意见及时向设计团队与城建局反馈
居民	• 配合团队完成问卷调查、访谈等工作 • 表达看法和改造意愿	• 表达看法和改造意愿	• 肯定部分方案 • 对其他方案提出意见 • 根据当前方案和改造后现状提出新的需求	• 参与墙绘绘制 • 参与共享种植活动 • 及时反馈问题
政府部门(城建局)	—	• 城建局"五好楼院"改造项目介入,对小区整体环境进行修缮	• 对方案涉及的具体问题提出了顾虑和疑问 • 提供解决建议 • 承诺参与后期维护	• 协助完成实施工作 • 后期进行指导和维护

图 3-4 社区见面会,听取居民意见

图 3-5 设计团队与居民一起讨论方案

3.2 实态调研

实态调研是指对"再生对象"现有状态的把握。通过实态的调研，对既有建筑相关的客观信息和资料进行充分的搜集和整理，为既有建筑进行再生诊断、设计提供依据和指导。

3.2.1 调研内容

实态调查是在对既有建筑现状进行全面调查的基础上，对现有品质的客观把握。在新建建筑项目中，设计前期也需要获取场地条件、社会条件、人文条件、技术条件、经济条件、法规限制等基础资料，作为项目设计决策的客观依据。在既有建筑再生中，尤其是既有住区建筑再生，实态调研的范围则更加广泛和复杂。

以既有住区建筑为例，实态调查和研究根据目标不同，通常分为两种情况：一种是明确再生对象的现状调查，另一种是住区建筑日常检测。

1）明确再生对象的实态调研

在明确再生对象的情况下，再生对象确立之后，首先需要对再生对象进行系统的基础信息采集和分析。既有住区建筑调研以"住区"为单位，调查的内容大体可以分为以下三类（表3-2）。

（1）住区周边环境的调研

住区的发展离不开城市、区域的发展演变，因此在对住区进行实态调研时，要首先掌握城市居住建筑发展脉络、各时期的住宅存量、特征以及主要的分布范围。

另外，住区周边的交通、环境、设施等影响居住区自身的定位，区位环境的演变也反映居住区劣化的机理，因此对住区周边环境的调查需要掌握居住区所在区域的经济发展、交通条件、人口结构、房屋价格、行政、商业、文娱、医疗设施、建筑规模、街道景观、公共绿地规模、距离以及居住文化、居住习惯等。

（2）住区内建筑和环境的调研

对住区内建筑和环境的调研，从属性上可以分为物质要素和非物质要素。物质要素指具体的目标，例如居住区规划和设计图纸、报告文件、改造和维修记录、现场观测的照片、必要的检测文件、性能的数据分析等。非物质要素指通过搜集获取的信息，例如居住区建设背

表 3-2　住区调研的内容列举

调研对象	分类	调研内容
周边环境	城市范围	城市住宅建设历史、发展演变、各时期的存量、特征、主要的分布范围等
	区域范围	区域经济发展、人口结构、房屋价格、中心区分布、用地类型、产业分布、建筑肌理演变、居住文化、居住习惯等
	住区范围	居住区周边交通、人口构成、行政设施、商业设施、文娱设施、医疗设施、建筑规模、街道景观、公共绿地规模、距离等
居住区内建筑和环境	物质要素	居住区规划和建筑设计图纸、报告文件、改造和维修记录、现场观测的照片、必要的检测文件（如抗震检测等）、性能数据分析等
	非物质要素	建设背景、相关设计单位和人员提供的信息、相关物业等管理部门提供的信息、住户居民对居住条件和需求的反馈等
相关法律规范	国家政策	不同时期对于住宅建设的政策演变、改造的政策、要求、目标等
	标准规范	国家和地方不同时期的居住区规划规范、住宅设计规范、抗震设计规范和标准、节能设计规范和标准、户型设计指南、居住建筑改造相关的条文、指南、纲要等

表 3-3　我国某住区节能改造的前期调查

调查内容		结果
围护结构检测	外墙	小区为非节能建筑，因浸水冻胀导致的墙皮脱落情况严重
	外窗	外窗为双玻塑钢窗，阳台为单玻钢窗，因使用年限较长，部分窗户磨损漏风严重
	单元门	无保温且破损严重
	屋面	屋面保温为水泥珍珠岩和炉渣，防水为三毡四油，已超合理使用年限，屋面漏雨，保温性差
结构检测		整体结构良好，未发现不均匀沉降，抗震设防为6度，纵墙承重，圈梁层层设置
暖通空调检测		独立锅炉房集中供热，室内采用暖气片采暖，供暖期室温16~18℃之间，部分居民家中14℃，供暖不足，墙体结霜长毛，管网存在滴漏情况，供热能耗大
给排水系统检测		给排水系统整体正常，但还存在一些问题：用户入口处压力太大，出水大造成浪费；储水箱没有设置有效的液位检测及报警系统；外墙排水管部分裂开甚至冻裂
建筑环境检测	道路	庭院道路破损严重
	设施	庭院设施破损严重
	绿化	绿化缺乏管护，荒草遍生，部分绿地甚至被居民"开荒"种菜
	停车	小区车辆停放混乱，堵塞消防通道
建筑照明检测		建筑外和楼梯间内线网混杂；楼道内很多灯损坏，庭院未设路灯；没有门禁、监控及安全报警系统

（参照资料：参考文献[22]）

景、相关管理和设计人员提供信息、居民对居住条件和居住需求反馈的信息等。

对建筑和环境的调查，根据再生的需求和目标需要对具体的部位进行详细的检测，例如表3-3是我国某地区住宅进行节能改造之前对围护体系、暖通空调系统、给排水系统、建筑环境、照明等进行调查和检测的内容。

（3）相关法律规范的调研

住区的实态受建设条件的影响，因此对住区进行调研，不仅需要掌握现行的法规，也需要掌握居住区建设之时的标准规范。相关法律规范的调研包含了国家不同时期住宅建设的政策演变、改造需求、改造要求、改造目标等，以及国家和地方不同时期的居住区规划规范、住宅设计规范、抗震设计规范和标准、节能设计规范和标准、户型设计指南、居住建筑改造相关的条文、指南、纲要等。

2）住区建筑日常检测

除了明确再生对象的住宅调查外，对住区建筑的日常检测也是住区建筑实态调查的重要部分。有不少国家和地区规定了住宅日常检测的周期和内容。

例如，日本在"抗震建筑的维护管理基准"中规定：在建筑物竣工后第5年、第10年及之后每10年，对建筑物进行一次全面检查，检查内容包括抗震材料的性能、抗震层外围有无阻碍建筑物水平移动的物体、设备管线有无损伤等。日本的公营住宅检测中也规定了住宅各个部位和构件的检测周期（结构体10~15年，屋顶防水层露出型12~15年，屋顶防水层覆盖型18~25年等）。新加坡的"建筑控制法"中，要求完全用于居住的建筑物在建造后10年以及以后每隔10年进行一次强制检测鉴定。我国香港地区住宅调查检验实施强制验楼、验窗计划，每10年及5年业主必须为其楼宇及窗户进行检验和相应的修复（表3-4）。

▎日本团地住宅再生前期调查内容

a. 团地土地、建筑的状况：
- 团地内各栋建筑的基础特性：建筑的建造年；平均住户面积；有无电梯
- 团地内各栋建筑的老朽度判断：《公寓住宅进行重建或改建的判断手册》中的判断
- 团地内共用附属设施的状况：集会所、停车场、广场、游乐场地、通路等
- 团地的土地状况：基地面积、边界、所有权等

b. 团地修缮管理及日常活动状况
- 团地内建筑的所有形式
- 团地的管理方式：共同管理/单栋管理
- 有无管理条约
- 维修的实施状况：有无长期修缮计划、有无修缮金、有无大规模修缮
- 管理组合的活动：管理会的出席状况、有无管理费滞纳
- 团地内的居住状况：建筑所有者名单、居住者名单、居住率、居住者的年龄、家庭构成等

c. 团地及周边的状况
- 都市计划的状况：用地用途、容积率、建筑率、住宅设施制度等
- 团地周边的不动产市场：低价、新建住宅价格、旧住宅价格
- 团地周边的地域课题：有无区域再生课题

（资料来源：参考文献 [18]）

表 3-4　我国香港地区的强制验楼、验窗计划

检测范围		执行主体及资金支持	检验人员及承建商
强制验楼计划	强制验窗计划		
（a）外部构件及其他实体构件 （b）结构构件 （c）消防安全构件 （d）排水系统 （e）认明位于楼宇公用部分、公用部分以外的楼宇外部（如外墙、天台或平台、与楼宇毗邻的庭院或斜坡），或在楼宇临向或紧连的任何街道上的违规建筑	检验须涵盖所有窗户及玻璃百叶窗，包括个别私人处所及楼宇公用部分的玻璃墙。室内的间隔玻璃嵌板及地下铺面的橱窗并不是在强制验窗计划下订明检验所涵盖的窗。另外，幕墙属于强制验楼计划，而不属于强制验窗计划的范围	1. 准备阶段 为业主安排简介会，协助业主遵从法定通知；就委任注册检验人员、合资格人士及注册承建商提供技术意见；协助业主成立法团；向每个将成立的法团提供资助及成立法团所需的技术支援。（屋宇署/民政事务总署/房协/市建局/廉政公署） 2. 检验维护阶段 "强制验楼资助计划"向符合资格的业主提供设有上限的资助，用以委任注册检验人员为楼宇进行首次检验；就维护事宜提供技术咨询服务；推行一站式"楼宇维修综合支援计划"向楼宇业主提供财政、技术支援（房协/市建局） 3. 竣工后 向成功申请"楼宇维修综合支援计划"的公用地方维修津贴或公用地方维修免息贷款而又已完成维护工程的法团，提供购买楼宇公用部分公众责任保险/第三者风险保险的保费资助	在强制验楼计划下，获委任进行楼宇订明检验或监督楼宇订明修葺工程的注册检验人员，须是当时名列于建筑事务监督所备存的检验人员名册内的人士。 在强制验楼计划下，获委任进行所需纠正及修葺工程的注册承建商，须是名列于建筑事务监督所备存的相关名册内的注册一般建筑承建商或符合资格进行纠正及修葺工程的注册小型工程承建商。注册小型工程承建商合资格进行其获注册级别、类型及项目的小型工程

（资料来源：香港屋宇署）

3.2.2 调研过程

建筑再生的实态调研，是信息搜集的过程。通过调查搜集广泛而充分的数据，进而经过各种分析的工具和技术将原始数据提炼成为有用的信息。既有建筑的实态是现阶段建筑状态的反映和呈现，但是其本身是多种因素影响的结果，包含了建设的条件、维护的条件以及使用的现状等。因此，获取既有建筑实态数据是一个广泛的调查，难度也较大。尤其是对于年代较久的建筑，资料缺失和保存不完善，对信息采集造成了很大的障碍。

在确定调研对象之后，建筑的实态调查往往从文献资料的搜集（图3-6）、实地观察、实际测量（图3-7）以及问询等几个方面展开。可根据调研对象和目标的需求，灵活地选择调查和分析方法，尽可能获取全面和有效的数据及信息。

以下介绍几种建筑再生中实态调查常用的方法，但是实态调查以获取特定的数据和信息为目的，并不局限于这些方法和途径。

> 调研中常用的工具和设备：
> - 铅笔、彩色笔、尺子、卷尺、三角板、橡皮、纸、写字板等测量和记录工具
> - 无人机、相机、手机等拍照设备
> - 温湿度计、热成像仪、照度计、风速仪、噪声测试等仪器和软件
> - 录音笔、计算器、工具包等辅助设备
> - 正在施工的现场需要准备安全帽等安全措施
> - 其他

图 3-6　资料室查找和翻拍图纸

图 3-7　测量仪器和现场

1）文献资料搜集

文献资料搜集是一个广义的范围，在调查中通常将调研对象相关资料的搜集均包含在内。主要包含以下几项：

标准规范梳理

标准和规范是建筑设计的基本，建筑的质量和状态脱离不了建设之初标准规范的影响。因此梳理各时期相关建设标准规范，对比其变化，能够较为直观地掌握建筑的建设背景和信息。表3-5列举了1987年和1994年建造的两栋住宅与规范比较的基本热工性能状态。

图纸搜集与绘制

通常情况下，城市档案馆、设计单位、物业公司等部门会保存有建筑相关的规划和设计图纸①。同时可以通过查找城市或者地区"日志"、发展史、年鉴等更多的文献资料进行相关建设背景、历史信息的搜集。对于建造年代较早的建筑，由于多是手绘图纸，图纸的缺失比较严重，给既有建筑调研带来难度。

对于采集到的手绘图纸，重新进行电子化绘制和建立模型，以便后期使用（图3-8）。

① 注意事项
在实践中，经常会遇到建筑的原始设计信息不详的情况，尤其是年代较久、物业管理不完善的建筑。这就增加了建筑调研的难度，通常需要设计人员经过测绘的方式来恢复建筑设计图纸。

表3-5 夏热冬暖地区 5-7 层砌体房屋墙体热工指标对比表

年代		1980s	1990s	2000s~至今	热工现状			
规范来源		《民用建筑热工设计规程》JGJ24-86	《民用建筑热工设计规范》GB 50176-93	《夏热冬暖地区居住建筑节能设计标准》JGJ 75-2012	住宅A（1987）	结论	住宅B（1994）	结论
典型构造		砖混/框架	砖混/框架	框架	砖混	满足	砖混	满足
热工分区		炎热地区（简称Ⅳ区）	夏热冬暖地区	夏热冬暖地区（南区、北区）	夏热冬暖	满足	夏热冬暖	满足
外墙	隔热指标 规范	$\theta_{i.max} \leq t_{e.max}$ $\theta_{i.max}$：围护结构内表面最高温度 $t_{e.max}$：夏季室外计算最高温度			$\theta_{i.max} \leq t_{e.max}$	满足	$\theta_{i.max} \leq t_{e.max}$	满足
	隔热措施 规范	①浅色饰面粉刷、面砖 ②通风墙 ③封闭空气间层	①浅色饰面粉刷、面砖 ②通风墙 ③封闭空气间层 ④垂直绿化	①反射隔热外饰面 ②花格构件或植物遮阳 ③封闭空气间层	浅色饰面粉刷	满足	浅色饰面粉刷	满足
	典型构造 图纸	内抹灰/墙体（黏土砖/空心砖）/外抹灰		内抹灰/钢筋混凝土墙/保温砂浆/抗裂砂浆/饰面层				
	传热系数K值、D值 图纸	K=2.04	K=2.04	K=1.49 D=3.00	K=2.04 D=3.08	不满足	K=2.70 D=1.98	不满足
		规范	—	—	2.0<K≤2.5, D≥3.0 1.5<K≤2.0, D≥2.8 0.7<K≤1.5, D≥2.5				

改造和维修记录搜集

建筑的性能退化并不是单一的，而是受到使用过程中经历的维修、维护以及更新、改造等的影响。与建筑原始的设计图纸类似，建筑的维修、改造经历通常有文件的记载，可以通过设计单位、物业公司等部门获取。

相关案例搜集

通过文献、出版物等搜集相关案例、评论、知识观点等，也是资料搜集的重要途径。同类的案例对建筑再生过程中的数据分析、决策等具有参照的作用。

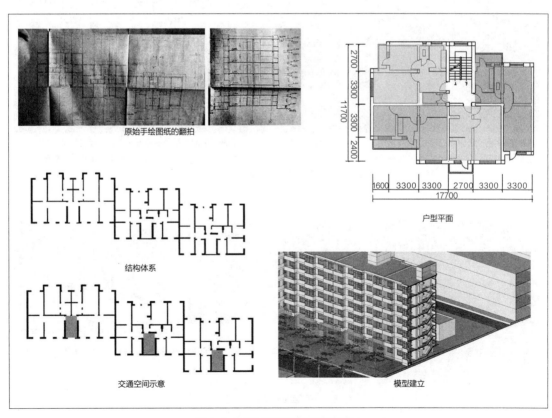

图3-8 依据图纸的平面绘制和模型建立

2）实地观察

文字和资料信息对于建筑的记录，反映了建筑建设、维修等相关情况。对建筑现状的全面把握，需要进行详细的观察和发现。实地观察的调研，以拍照和草图记录为主，通过整理成为有效的信息。

拍照

随着摄影设备的提升，建筑调研拍摄的方式也越来越多。在建筑全景拍摄时，可以用无人机航拍进行整个区域的拍摄。在建筑室内调研拍照时可以利用360°的镜头在房间中央拍摄全景，制作全景图或者在后期使用的过程中再选择不同的角度。建筑拍照一般采用正投影的方式，避免水平和垂直线歪曲，尤其是对屋顶、立面的拍摄。另外要选择光线适宜的天气，在树木较多的区域，尽量选择秋冬季落叶之后进行拍摄（图3-9）。

航拍：区域整体航拍以及局部重点区域正投影航拍，航拍可以辅助从总平面的视角观察调研对象。

立面正投影拍摄：建筑立面通常采用正投影的拍摄，容易和建筑图纸形成比较，另外也有利于在后期进行立面构件的标注。在调研过程中如果难以采集到原始的设计图纸，也需要在现场进行测绘之时利用立面进行尺寸标注。

局部拍摄（入口示例）：通常在居住区中，入口、阳台、装饰性构件等有特色的部分，可以通过单项的采集进行罗列，在建筑再生过程中有助于判断建筑局部特色。

图3-9 实地观察拍照示例

草图标注

实地观察的过程中通常需要现场采用草图进行记录,根据调研目标,对建筑平面、立面、材质、纹理、局部的尺寸等进行详细的记录。通常是文字、草图、照片三者之间的对照。

图3-10显示了在住宅外立面病理现象调研过程中,对立面病理现象在现场采用标号和立面草图对照记录,以便后期进行对照整理。

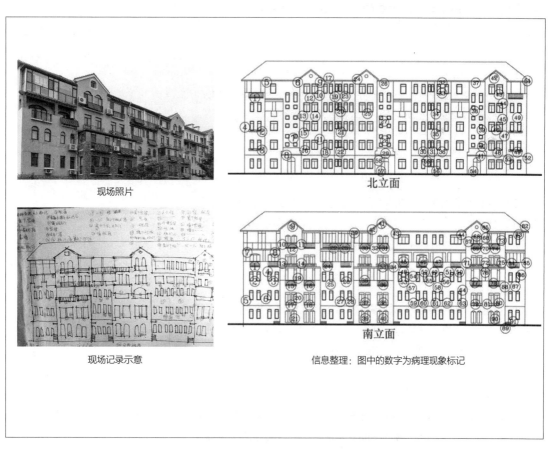

图3-10 住宅外围护体系劣化现象的观察标记示例

3）实际测量

现场观察的信息多数是通过目测，具有一定的局限性，对于建筑和环境的一些性能需要通过辅助仪器设备的测量，例如声、光、热等物理环境，另外像结构性能等需要通过专业的机构检测认定。

测绘

测绘是建筑学专业的常用方法，在既有建筑再生中，对于原始设计图纸等资料不完整的建筑，需要通过测量重新绘制建筑图纸。另外对于一些特殊的建筑元素和符号，尤其是传统建筑保护中，需要通过详细的测绘以便记录和重新利用。

物理性能实测

物理性能实测主要涉及建筑热环境、声环境、光环境、空气质量等方面。建筑及环境的物理性能一方面影响人的舒适度体验，另一方面影响建筑的环境负荷。对建筑物理性能的实测往往要通过相应的模拟、计算软件来呈现具体的定量数据，在反映建筑和环境性能的同时，为再生的诊断和决策提供定量的依据。本部分内容在4.2节中详细介绍。

专业机构检测

对于部分环境和建筑性能，例如建筑结构抗震性，需要通过专门有资质的机构和专业人员进行检测和鉴定，出具相应的鉴定报告。

4）问询

在建筑实态调查中，通常需要对设计者、管理者、使用者等进行问询获取相关的信息。问询的方法中有问卷、深度采访等方式，问询调查为了更好地获取有效信息，通常需要提前做好大量的准备工作。

问卷

问卷是按照提前准备好的提问项目直接询问意见，常见的有用户满意度调查、用户需求调查等。问卷一般是通过一定的数量统计倾向性，在提问中有询问客观事实的调查和询问主观意见的调查。

深度访谈

深度访谈是直接的问答调查，一般应提前准备好询问的提纲和问题，与被访者进行面对面的提问与回答。深度访谈一般用于对管理人员、专业人员等进行深入的调查，通常是调查其他方式难以获得的信息，另外由于信息量比较大，通常需要对访谈内容进行文字的转译和记录。

瑞典某居住区再生居民反馈调查

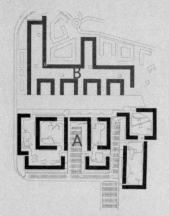

图 3-11 住区平面图

图 3-12 再生前建筑外观
（资料来源：住区资料汇编，查尔姆斯理工大学建筑学院）

图 3-13 再生后建筑外观

该住区是1959—1961年由两个公共住房公司修建于瑞典哥德堡市郊区的一个公共住宅区，整个住宅区由两部分组成。1994—2001年，由公共住房公司所有的区域A进行了更新。住区更新的起因为设备设施的老化，以及提高该区域的吸引力，使其更多地针对高收入人群租赁。区域B在1990年代转让给一个大型建设公司，随后出售给另外一个私人开发公司，至今仍基本保持原貌，没有得到更新（图3-11~图3-13）。因此，该案例的特点在于，对区域A的调查研究，可以以区域B作为参照。

20世纪90年代，住房空置率较高，为住区改造提供了可行性。区域A的更新主要包括：

1）建筑：建筑体的部分被拆除，对外观进行了彻底的改造，打破原有建筑单调的外观；部分建筑增加了电梯以提高可达性，更新后针对老龄人口出租。

2）建筑室内：更换了室内原有的设备，使其达到新建住宅的标准；部分套型的平面布局改变使其适应新的人口构成。

3）户外环境：改善绿化环境，提升住区整体面貌；增加洗衣房等辅助功能用房。

问卷和采访的问题（表3-6）大致包含了几个方面：①受访者的基本信息，其中包括受访者的年龄、性别、居住时间，以及受访者对于住区改造前后的基本评价；②对于住区内建筑更新的评价，具体包括阳台、外观、色彩等，以及居民认为更新后的建筑是否具有吸引力；③对于室内环境更新的评价，具体包括平面布局、厨卫设施、材料等；④对于室外环境更新的评价，包括中心绿地、小型绿地、球场、商铺、设施等。

表 3-6 居民对居住区再生的评价

类别	具体内容	满意的方面		不满意的方面	
		人/次	评价意见	人/次	评价意见
建筑外观	外表面颜色、材质、阳台等	20	• 打破原来单调的建筑外形 • 丰富的颜色 • 阳台有良好的视野	6	• 阳台以前有顶棚，改造后没有顶棚容易脏污
室内环境	平面功能布局、房间大小、通风、维修情况等	11	• 房间的大小、平面布局更合理 • 室内通风较好 • 防噪音变好 • 设备以及装饰标准提高	5	• 厨房面积较小 • 公共洗衣房的设施比较旧，缺乏维护
户外环境	中心绿地、小庭院、球场、车辆等	27	• 中心绿地球场 • 住栋间的小型绿化空间 • 车辆较少，方便停车 • 儿童活动场地位于内院，远离人流密集区域，安全性高	2	• 原有的绿地中修建了部分小型建筑，作为停车、交往活动室，破坏了原有绿地
其他	租金、社区建设、安全等	19	• 目前有良好的社区建设，解决了以前由于空置率高、低收入聚集形成的犯罪率高问题 • 租金适宜 • 距离学校近，便于孩子上学	3	• 原有小商铺街改造成综合超市，缺少了趣味性

3.2.3　信息整合－数据库方法

通过大量实态调研获取的既有建筑信息和数据，需要有逻辑地进行整理和整合，以便后续的查阅和使用。关于数据和信息整理的方法有很多，尤其是信息化时代背景下，能够借助计算机软件、网络等，将既有建筑信息整合形成数字化数据库。

随着计算机行业的发展，数字化信息变得越来越普及和方便。然而在既有建筑领域，广义的数据库的概念虽然经常被用到，但由于基础信息缺乏，在系统的建立数据库和广泛的传播使用方面还存在较大的欠缺。建筑再生调研中采用数据库方法，建立既有建筑数据库平台，作为辅助工具，将既有建筑的实态信息及数据、经验等进行资源整合，作用于既有建筑再生过程的多个环节。

如图3-14所示，通过大量的实态调研，一方面采集到了各种形式的既有建筑相关数据和信息，利用数据库进行存储，同时满足不断更新的需求。另一方面，在既有建筑再生后续环节中进行模型建立、物理性能分析、改造方案模拟等，能够较为便利地从数据库中找到所需信息，提供较为便利的使用途径。

1）实态调研提供数据基础

目前新建建筑在设计之初就形成协同化的工作平台，信息较为完整，与之相比，建立既有建筑数据库的难点在于缺乏基础数据信息。尤其是一些建设年代较久的既有建筑，设计之初大多为设计人员手绘图纸，经过几十年，图纸和维修记录的遗失、保存不完整现象非常严重，对查找建筑原始设计信息带来了极大的障碍。

在上一节中讲述了实态调研，目的就是获取既有建筑的基础信息。通过实态调研和分析获取的既有建筑信息形式多样，例如文献查找的文字信息，图纸采集的图样信息，实地调查研究的照片与记录信息等，同时还有图片、文字、对照表格等。将这些大量的、形式多样的信息通过整合，借助计算机专业的帮助，转化为数字化信息，建立数字化的数据库平台。

2）信息化手段提供技术支撑

数字化技术的发展和普及，使得数据库网络平台的概念在各个行业的形成和发展成为可能。近年来，随着技术的进步，建筑行业绘图软件（CAD、天正建筑、3D模型、Revit等）的应用越来越普及，传统的被分散到各个不同附图的设计信息，通过计算机软件很容易被整合到一起，使建筑信息变得易于确认。尤其是目前BIM（建筑信息模型）的推广，更是通过同一平台促进了各专业工种的协同工作，极大地提高了工作效率和质量。

然而对于既有建筑，现有的房屋图纸和其他资料信息都是不完整的，通过调查收集和恢复图纸、历史维护信息、图集规范等基础资料，将这些信息系统化、形成既有建筑的数据库，对真实可靠地反映既有建筑信息十分必要。

数据库系统建立了信息化平台，承载既有建筑数据信息的同时，也是一个交流的平台，对既有建筑后期开展再生活动以及其他各种类型的研究工作都具有重要的意义。

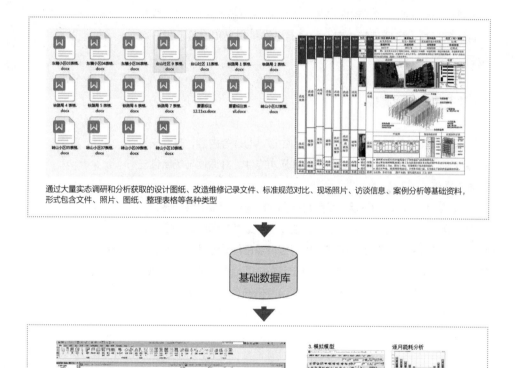

图 3-14　基础数据库的形成与应用示例

3.3 住区建筑

在我国城市住区的相关学术研究与社会传播中，常使用居住区、住宅区、住区、社区、小区等不同的概念，从不同的视角来描述城市居民的居住生活聚居地。本书中使用"住区建筑"一词，既有住区建筑指以住宅－组团－小区以及适当配套公建组成的住区居住建筑及环境。为了突出"在住区中的建筑"的考察和研究，强调"住区建筑"的概念，以表达"以建筑为主，兼顾一部分环境"的思路。

3.3.1 住区建筑品质

要通过再生达到提高住区建筑品质的目标，应对住区建筑的品质属性进行科学的认识。审视和建构住区建筑的品质提升，应包含功能性、舒适性和场所性等内容，并具有多学科交叉和阶段性提升等特点。

1）住区建筑品质属性

住区建筑的品质性能应包括功能、生理、心理等内容，其含义具有多维性。既有住区建筑的"品质"可从功能性、舒适性与场所性三个维度入手（图3-15）。

首先，居住功能的满足，即配套基础设施与生活服务设施建设，满足居民的基本生活需求；其次，居住物理舒适性的保障，即生态、可持续的住区室内外环境，能够为居民提供绿色低碳的住区生活；再次，场所人文关怀的营建，即结合当前既有住区地域环境、居民属性与生活方式等特点，进行场所精神与住区文化的营造。另外，健全的物业管理机制与运营模式，也成为全方面推动住区的维护、更新与持续发展的重要内容。

2）住区建筑品质问题

依据住区建筑品质的内涵定义，审视我国既有住区建筑存在的品质问题（图3-16），主要包括以下几方面内容：

第一，规划设计标准较低产生的功能性品质缺失：①住区基础设施较差，配套设施不全，难以满足居民的生活需求；②以满足基本居

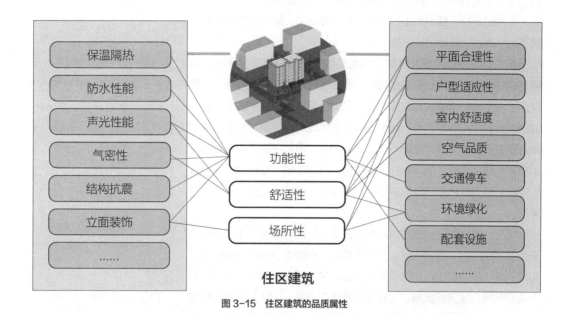

图 3-15 住区建筑的品质属性

房屋围护体系性能差、管线等基础设施陈旧、缺乏适老交流场所、停车问题突出等

图 3-16 我国既有住区建筑常见问题列举

住需求为主，住区室外绿化率不高，环境综合质量较低；③受住区规模、组团布局的限制，住区环境单调、雷同，缺少自由灵活的布局形式；④用地紧缺，难以满足日益增长的功能需求，如机动车停车位严重不足，居民活动场地缺失等。

第二，建造标准低及性能退化造成的居住环境舒适度下降。随着时间的推移，住房出现老化现象，物业管理不完善甚至弃管，从而缺少必要的维护修缮，导致住区与住宅的机能退化。另一方面，建造时的设计及建设标准较低，也使得保温隔热性能无法满足现阶段人们对舒适性的要求。具体来讲，住区建筑的性能退化主要表现在住宅机能老化，包括屋面、墙体等外围护结构，以及基础、管网等由于建设标准低且缺少维护修缮导致的性能严重退化，无法保证室内基本的舒适度。

第三，生活水平的提高以及新的生活方式的出现所带来的新需求无法满足的问题。我国老龄人口逐年增加，而适老性设施较为匮乏，影响老年人的日常出行与休闲生活。既有住区设施老化及环境品质低下会导致居民缺乏归属感、人际关系疏离等问题。因此，提升居民归属感、加强社会交往活动以及塑造与传承地域场所精神已成为当前的迫切需求。

因此，解决既有住区建筑中存在的功能缺失、性能退化、物理舒适度降低，住区环境质量低下等问题，应对居民生活方式的转变与需求的更新，全面改善居住品质，应是提升新时期既有住区建筑品质的重要内容。

3）住区建筑低碳化改造

在当前城市环境持续恶化、交通拥堵、雾霾严重等影响国计民生的现实背景下，既有住区建筑的节能标准低、高能耗建筑数量大，部分地区受采暖条件的影响等，高能耗问题尤为突出。

住区建筑的低碳化是指在建筑材料与设备制造、建筑物施工建造、使用、维护、拆卸和废弃物处理的整个寿命期内，减少化石能源的使用，提高效率，降低二氧化碳排放量。对于住区建筑而言，运行使用和维护阶段的碳排放量所占比例最大，主要集中在用于提升室内环境品质的供暖、通风等方面。因此，既有住宅的低碳改造是在满足居住用户品质需求前提下的碳减量。主要包含两个部分：一部分是建筑本体改造过程中建筑材料的保留或拆除而形成的二氧化碳减量设计，另一部分是建筑节能改造设计构成的对建筑运行过程中节能而引起的二氧化碳减量。关于既有建筑的低碳化再生，将在本书5.4节中重点讲述。

3.3.2 住区建筑形态

1）层级与要素

"住区建筑"突出"在住区中的建筑"这一概念，区别于只关注环境或只关注建筑。宏观上，既有住区建筑改造多带有一定的环境，例如住宅小区涉及住区、组团和住栋等多个空间维度（图3-17）。同时，不同气候带和地域性标准（配置）也会产生重要的影响。当然，也不能忽视不同发展程度和经济条件，以及文化和使用人群的生活习俗等。微观上，任何住宅及其环境自建成起都会经历功能退化、劣化等变化过程，为了更好地修缮、修复以及提升，需要研究和摸清其劣化机理，以便科学地诊断评估，采取合理有效的改造方法。

同时，住宅品质的提升需要考虑其阶段性。住区建筑不同部位和构件的使用寿命以及更换周期各不相同，符合住区建筑的退化规律，因此，很难在单次再生中解决住区建筑品质退化过程中的所有问题。此外，处在不同使用阶段的住宅所表现出的突出问题也存在差异，应该在确立其优先次序的前提下，针对不同品质要素采用适宜的

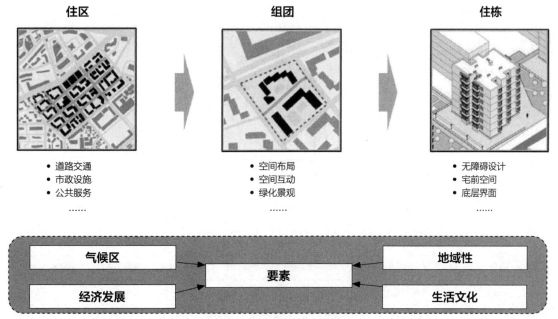

图3-17 住区建筑不同维度及要素

提升工具方法，满足新的居住需求，实现品质提升目标。

为了更好地梳理既有住区建筑品质提升的目标和内容，通过空间单元和品质要素的层级化，建立"住区建筑"品质的层级研究模型（图3-18）。在住区建筑的层级框架中，讨论住区建筑品质要素包含围护体系、平面布局、户外环境、附属构件四个部分：

围护体系主要包括建筑围护结构、外门窗、屋面等；
平面布局主要包括室内空间布局以及室内环境品质；
户外环境主要包括户外的环境以及设备设施；
附属构件主要包括建筑的电梯等相对独立使用的构件和设备。

2）形态与类型

住区建筑的形态在其不同的维度所包含的内容有所不同，同时住区建筑的形态类型与年代、地域、气候、文化等都有较大的关联。例如，住区形态主要反应住区中建筑的围合方式，我国传统居住区的建筑围合方式主要有行列式、围合/半围合式、点式和混合式；住栋形态一般反映住宅建筑单体的形态，我国住宅的住栋形态大体有板式、围合式和点式几种类型；梯间形态则反映住宅单元内的交通组织方式，我国住宅的单元交通组织主要有梯间式和廊式两种方式。住宅实际设计和建造中，通过不同的组合形成多样的形态和类型。

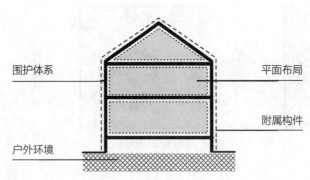

对象		要素内容
	围护体系	住宅外围护墙体、屋面、楼地面、外门窗、保温层、防水层、隔汽层等
	平面布局	住宅户型平面组合、外墙内面、内隔墙、分隔物、家具、户内管线设施等
	户外环境	住宅外部的地面、道路、绿化植被、场地、外网、配套设施等
	附属构件	住宅入口部、外部管线、加建的电梯、外挂于外墙面的附属物等

图3-18 住区建筑的范畴与层级

住区建筑的形态列举

住区建筑的形态类型与年代、地域、气候、文化等都有较大的关联。本部分内容中的住区建筑形态的调研是基于对我国大连市1980—1990年代建造的多层住宅居住区的数据统计,调研样本基于235套这一时期建设的住宅图纸以及实际状态的比对,主要代表我国部分北方地区的住区建筑形态。

表 3-7 住区典型建筑围合方式

类型	行列式	围合/半围合式	点式	混合式
比例	56%	23%	18%	3%
图示				
典型平面				
典型案例				

住区形态

住区形态主要反映住区中建筑的围合方式,我国传统居住区的建筑围合方式主要有行列式、围合/半围合式、点式和混合式。本书调研样本的统计显示,行列式布局是主要的类型,占一半以上。围合/半围合布局中,包含了"口"字形、"U"形、"L"形等多种布局,占25%。另外点式和混合式各占18%和3%(表3-7)。

表 3-8 典型住栋形态

类型	板式		围合式		点式
	直线型	折线型	围合式	半围合式	
比例	33.6%	20.7%	1.4%	27%	16.3%
形态	单个或多个单元横向拼接形成	由2-4个住宅单元错位拼接形成	住栋完全围合,有内天井	由多个住宅单元拼联而成,常见L形、U形、E形等	面宽与进深比小于2,常见方形、T形、风车形等
示意图					

住栋形态

住栋形态反映住宅建筑单体的形态,我国住宅的住栋形态大体有三种:板式、围合式和点式。本书调研样本的统计显示,板式住栋总量最多,大多分布于城市平地和缓坡区域;围合式住栋大多分布于临街道路,通常在城市中心区道路较为密集的区域;点式住栋形态多样灵活,多作为居住区灵活布置的元素,丰富住区空间形态(表3-8)。

表 3-9 典型梯间形态

类型	梯间式			廊式		
	一梯两户	一梯三户	一梯四户	外廊式	内廊式	短内外廊
比例	37%	53%	4%	2%	2%	2%
特点	户型较大,采光通风都较好	对称型和不对称型,中间的户型一般通风较差	对称型和不对称型,结构规整	采光通风较好,户型狭长	住栋进深大,缺少通风	直跑楼梯
示意图						

梯间形态

梯间形态反映住宅单元内的交通组织方式,我国多层住宅的单元交通组织主要有梯间式和廊式两种方式。梯间式即通常所说的一梯N户类型,由一个楼梯间组织单元内入户方式。廊式有外廊式、内廊式和短内外廊。廊式住宅由于其采光的缺陷,占比较少,通常在公寓、宿舍一类的居住建筑中较为常见(表3-9)。

本章思考题

1. 举例说明建筑策划对于建筑再生的作用。
2. 列举建筑再生中常用的调研方法,并对比与新建建筑调研的不同。

第 4 章

诊断与评估
Diagnosis and Evaluation

针对老化的既有建筑应该进行怎样的再生，需要通过恰当的诊断，而恰当的诊断建立在对客观实际状态的把握之上，因此，对既有住区建筑的评估也应运而生。

既有建筑再生的诊断评估是指在充分的实态调查的基础上，依照客观事实，对建筑和环境所做的客观分析和评估。既有建筑的诊断评估通常包含定性和定量两个方面，定性的诊断评估一般指人文因素、业主以及使用者的主观需求等，定量的诊断评估通常指建筑和环境的物理性能。

4.1 体系与方法

既有建筑再生的诊断评估是指在充分的实态调查的基础上，依照客观事实，对建筑和环境所做的客观分析和评估。诊断和评估的内容根据对象和再生目标的不同会有所差异，通常包含场地规划、建筑物、人文景观、物理环境、配套设施等。

4.1.1 评价体系

各国针对自身国情，都有相应的住宅评价标准，也是既有住宅进行诊断评估的参照体系。表4-1罗列了几个典型国家住宅性能评价体系的发展，各个国家对于住宅要求的侧重不同，但是在各国住宅建设从数量增加阶段进入到整体质量提高阶段的过程中，住宅性能评价体系也从侧重对住宅本身的关注过渡到对住宅与环境、社会关系的关注上。

各国在促进既有住区建筑品质的过程中，形成了较为广泛的住区建筑性能评估标准，有建筑综合性能评估、使用后评估、建筑质量评估、建筑环境评估、绿色建筑评估以及建筑节能评估等。

表 4-1 国内外既有住区建筑相关评估体系的发展

国家/年	1948	1974	1975	1978	1987	1990	1995	1996	1999	2000	2001	2003	2005	2006	2008	2013	2015
英国						建筑绿色评价 BREEAM		住宅品质指标体系 HQI								公共住宅检测制度	
法国	对建筑新部品新技术认定		住宅性能评定指标 Qualitel					高环境质量建筑 HQE 评估									
德国															可持续建筑评价标准 DGNB/BNB		
美国		建筑使用后 POE						住宅品质指标 HQS		建筑绿色评价 LEED							
日本		推行工业化住宅性能认定制度			BL 部品认定制度			住宅品质确保促进法			建筑物综合环境性能 评估体系 CASBEE 住宅性能表示基准		住宅改修判断基准		促进长期优良住宅普及的法律		
中国								商品住宅性能管理认定办法（试行）					住宅性能评定技术标准（GB/T 50362—2005）绿色建筑评价标准（GB/T 50378—2006）			住宅健康性能评价体系	既有建筑 绿色改造 评价标准（GB/T 51141—2005）

根据既有住区建筑再生的不同阶段，其相关的评价体系主要分为三种类型（表4-2）：

（1）综合性能评价

一般用于检测既有住区建筑的综合性能，多是通过评估划分住宅等级。比较典型的有英国的住宅品质指标HQI体系、美国的住宅品质标准HQS体系、法国的住宅性能评价体系Qualitel、日本的住宅性能表示基准以及我国的住宅性能评定技术标准。

（2）改造前评价

一般是针对将要进行改造的既有住区建筑进行现状的调查与诊断，通过现状评估，提出住区建筑更新的方法和策略。比较有代表性的是日本住宅改修判断基准。

（3）绿色评价

绿色评价多是针对新建建筑，针对既有住区建筑的情况而言，一般指绿色改造，通常发生在改造之后，对其改造效果进行检验和评估。目前比较有代表性的有美国的LEED，英国的BREEAM，德国的DGNB/BNB，日本的CASBEE简易版以及我国的既有建筑绿色改造评价。

表 4-2　国内外既有住区建筑相关评估体系的分类

体系类型	名称	国家/地区	适用范围	评估目的	评分方式
综合性能评估	HQI	英国	• 新建住宅·既有住宅	等级认证	定量为主
	HQS	美国	• 新建住宅·既有住宅	等级认证	定量为主
	Qualitel-PH	法国	• 住宅改造	等级认证	定量为主
	既存建筑性能表示	日本	• 既有建筑	等级认证	定量为主
	住宅性能评定技术标准	中国	• 新建住宅	等级认证	定量为主
改造前评估	EPIQR	欧盟	• 将要改造的住宅	提出改造方案	定性
	住宅改修判断基准	日本	• 将要改造的住宅	判断改造类型	定性定量
	住宅健康诊断	日本	• 将要改造的住宅	提出改造计划	定性
绿色评估	LEED	美国	• 新建住宅·既有住宅	绿色认证	定量
	BREEAM	英国	• 既有住宅改造的板块	绿色认证	定量
	DGNB/BNB	德国	• 既有住宅改造的板块	绿色认证	定量
	CASBEE-简易版	日本	• 既有住宅改造的板块	绿色认证	定量
	既有建筑绿色改造评价	中国	• 既有住宅改造	绿色认证	定量

4.1.2 诊断流程

对既有建筑再生的诊断，通常以实态调研为前提。在日本大规模住宅修缮的诊断流程中指出"建筑健康诊断"，诊断过程中需要确认竣工图纸文件的保管状况、修缮记录整理状态等。诊断内容从结构、外装、设备三个方面分成若干项，分阶段进行诊断（图4-1），一次诊断中主要通过观察判断表面劣化现状，二次诊断则需要通过专业实验、测验来诊断住宅性能。

既有住宅健康诊断提出的既有住区建筑的诊断要领：首先，要判断既有住区建筑的损伤原因，是由于时间久而引起的自然老化，还是建造瑕疵或损坏；其次，住宅的诊断一般需要花费一年左右的时间，因此，在住区建筑要进行再生工事之前，必须留有充足的时间，如果有住宅存在紧急的危险状况，就需要应急装置处理；另外，建筑健康诊断的结果，尽管把握居住者的需求，但是还是应该围绕"住宅本身的更新需求"进行讨论。

既有住区建筑诊断的一般流程包含（图4-2）：

（1）确定目标对象后，首先对目标对象展开前期调查，前期调查的内容则包含了标准规范、设计图纸、建设、维修记录以及其他相关信息的访谈。

（2）在前期基础资料和信息搜集的基础上，对目标对象展开现场的实地调查，现场调查包含了实地目测观察和居民访谈信息采集等。实地调查一方面是核实前期调查资料，另一方面是发现问题，对调研对象进行定性的判断。

（3）通过定量的方式对既有建筑的物理性能进行分析（详见4.2小节）。

（4）在既有住区建筑再生过程中，专家参与诊断是保障信息准确分析以及得出有效提升方式的必要条件。在住区建筑的诸多诊断内容中，大部分是依据从业人员及专家的经验来判断现状实态。由于住区建筑的实态涉及多专业和多学科，比如，规划、建筑、设备等，住区建筑在再生时又很大程度上依赖丰富的工程技术经验，因此，通过多专业多学科的"专家评议"方式，可以将多学科的知识信息整合到一起，全面分析，从而形成对住区建筑实态合理和充分的判断。

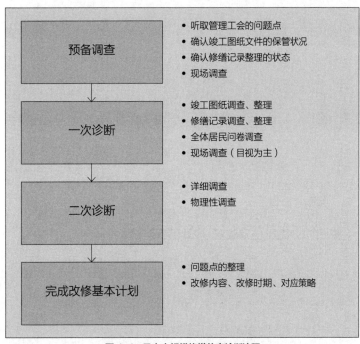

图 4-1　日本大规模修缮住宅诊断流程
（资料来源：参考文献[10]）

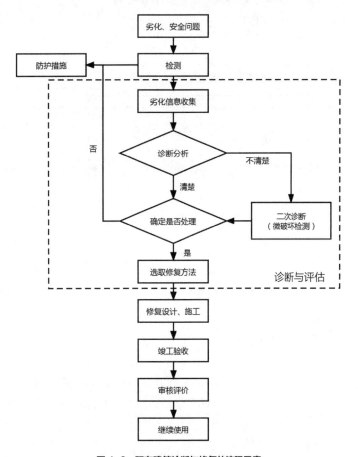

图 4-2　既有建筑诊断与修复的流程示意

日本公寓类住宅改建、修缮判定流程

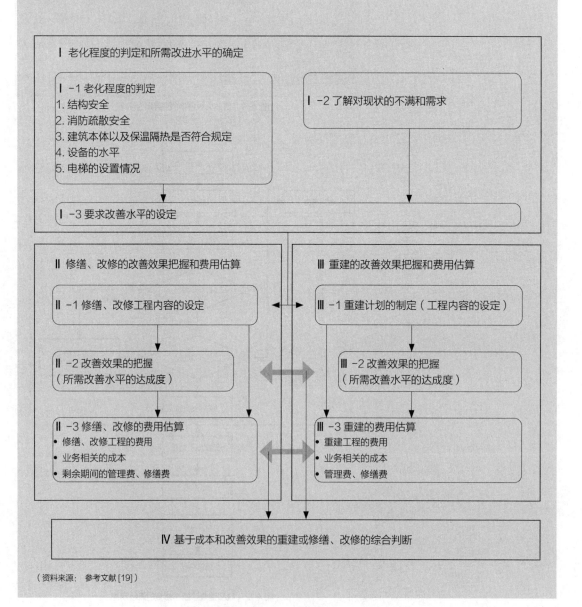

（资料来源：参考文献[19]）

4.1.3 评估决策辅助方法——知识库

知识库方法是既有建筑再生过程中用于辅助评估决策的方法之一。知识库方法以既有建筑实态调研和数据信息建立为前提，3.2.3 中讲述了将前期实态调查的数据和信息构建成为基础数据库，知识库则是在此基础上增加了对基础数据的理解和判断，形成知识体系，进而借助信息化的工具形成应用平台，作用于既有建筑再生的各个环节（图4-3、图4-4）。

（1）检索和录入

知识库通过网络平台的方式制作和发布。其操作环境包括菜单窗口、信息交流平台、检索平台、用户管理平台等。其中检索平台和用户管理平台相对重要，用户可以按需检索，不仅可查询具体的建筑劣化成因和修复对策等，也可以提出和输入自己的问题和建议。

（2）评论与互动

用户可以在评论区内自由发言，评价相关建筑劣化现象以及修复方法，进行信息的交互与反馈，也可提出自己新的问题以及有效的方法建议等，通过评论区可以多方互动、交流。

（3）可视化

信息化知识库体系由可视化的现象和数据分析构成，有效规避了简单依靠个人经验进行再生判断所产生的偏差和不确定性，将住宅劣

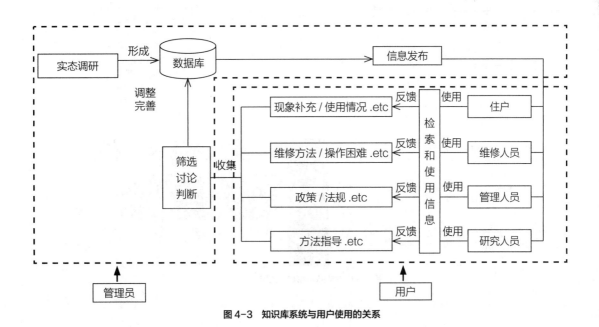

图 4-3　知识库系统与用户使用的关系

化现象、诊断、修复设计多个环节有效结合，提供切实可行的维护方法。通过管理人员、技术人员或用户检索查询，全面了解相关图像及数据信息，以确定成因及优化方法。

（4）使用者与研究者

知识库平台的运行效果可以从使用者和研究者两个方面来看。一方面，使用者可以自由查询住宅病症及其修复方法的信息，并根据自己关心的建筑劣化现象进行科学修复方法的选取。另一方面，维修人员以及研究人员通过检索和查询获取相关的研究过程和成果，可以全方位地提高维护维修相关从业者的认识和操作水平。

研究管理人员通过整理用户评价来筛选有效的反馈信息，并以此更新和完善知识库。

利用"知识库"工具构建有效的网络操作平台，首先要通过建筑劣化现象特征的视觉及数据分析，将现象收集、诊断、修复设计多个环节进行有效整合，提供切实可行的诊断与修复方案。另外，将用户、管理者、专业人员三者联系起来的信息化知识库平台，有助于提高整个诊断修复过程的科学性和效率，以适应日益扩大的既有住宅再生的产业化和市场化的需求。

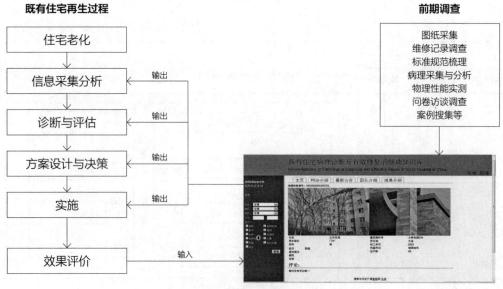

图4-4 知识库的形成与应用

既有住宅病理诊断与有效修复的辅助知识库

为了摆脱既有住宅改造中经验性判断模式，建立维护性再生的科学体系，国家自然科学基金课题（51078055）"东北地区既有住宅病理诊断及有效修复的辅助知识库研究"从住宅病理现象和诊断评估入手，构建了针对住宅劣化病理的"部位—病症"关联性和"病症—诊断—修复"关联性的两个分析模式（图4-5、图4-6），前者更加客观地诊断病因并确定合理的修复方法，后者提出了病理现象分类整理（病理基本信息库）、病理分析诊断（专家会诊机制），以及病理修复方法策略。

知识库方法是基于上述认知基础和数据建立的科学体系。通过科学分析住宅病理现象，研究病理属性关系，引入多专业学科有经验的专家会诊评议，甄别病理成因并提出合理的修复对策。借助信息化手段（图4-4），将住宅调查、诊断、修缮等科学规范的知识体系和方法进行推广，并且形成反馈机制，切实将知识体系转换为可操作的科学方法。

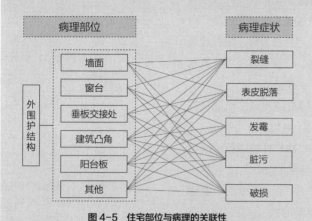

图4-5 住宅部位与病理的关联性

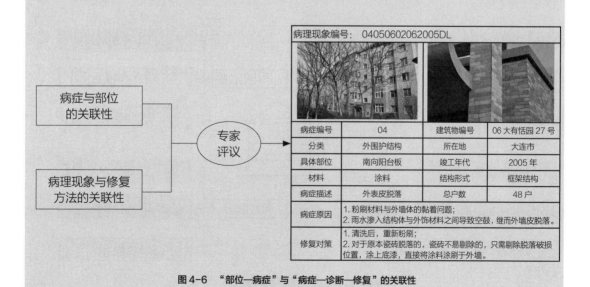

图4-6 "部位—病症"与"病症—诊断—修复"的关联性

4.2 定量诊断与优化

经过40余年的高速发展，我国城市住区建筑品质与环境问题日益突出。建筑能耗、居住舒适度等品质性能直接影响能源消耗以及居民健康与福祉，既有建筑的品质性能提升将直接关系到我国资源节约型、环境友好型社会建设和"双碳"目标下的可持续发展。既有建筑物理性能相关的状态诊断通常需要定量的方法，以便客观反映建筑物理性能状态，以及通过模拟等手段提出合理的优化措施。

既有建筑类型多样，不同气候区、地域特征的建筑性能及其改造目标有所差异，主要受到周围环境、建筑设计参数、使用者和设备运行情况等多种因素的交互影响。因此，在对建筑性能进行诊断与优化前，需要明确影响建筑性能的各类参量信息（图4-7），包括：①环境信息：建筑场地周边地形特征、气候条件、毗邻建筑等；②建筑信息：建筑布局、朝向等体量组合信息，平面形式、体形系数、建筑层高、开间进深比、窗墙比等建筑形态参量信息，墙体、屋顶材料和层级等建筑构造信息；③人员用能信息：人员使用时间表、人员使用模式、舒适度标准；④设备信息：设备类型、设备运行模式、运行时间、运行效率等设备运行参量信息、设备噪声。

既有建筑物理性能的改造提升包含性能诊断、设计优化、改造施工、运行管理等多个环节。本小节以"住区建筑"为例，从性能诊断和设计优化两方面，对改造流程、方法、工具进行介绍。

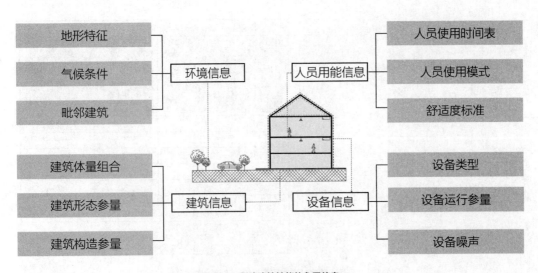

图 4-7　影响建筑性能的参量信息

在进行既有住区建筑性能优化前,应根据改造要求和目标,对建筑各项品质要素进行性能诊断。一般来说,既有住区建筑品质要素包括围护体系、室内环境、户外环境三大类别。用于诊断这三个品质要素性能的方法,包括现场检测和性能模拟两种主要手段。现场检测即采用专业仪器设备,对围护体系热工性能、室内和户外环境的声光热风等各项物理性能进行检测,并对相关基础数据进行搜集和记录。性能模拟即采用专业数值模拟软件,对上述物理性能进行辅助分析。

现场检测与性能模拟两者并非孤立,而是存在相辅相成的互补关系。一方面性能模拟能够弥补现场检测中测点范围有限、容易受到天气状况或现场人为因素影响等问题,另一方面现场检测所获得的环境参数信息可作为数值模拟分析中的计算边界条件和校验数据。与此同时,通过图纸和现场调研,获得周边环境、建筑设计参量、人员用能、设备参量四方面的信息,可用于数值模型的建立,以确保模拟结果的真实有效性。

通过现场检测和性能模拟相结合,对既有住区建筑进行性能诊断,基于诊断结果反馈,提出优化策略和改造建议,对比不同方案的优化效果,选择合理方案,达到提升既有住区建筑品质效能的目的。整体流程如图4-8所示。

以下针对围护体系热工性能、室内环境品质和户外热环境品质三项内容,阐述其定量诊断和优化的具体方法和步骤。

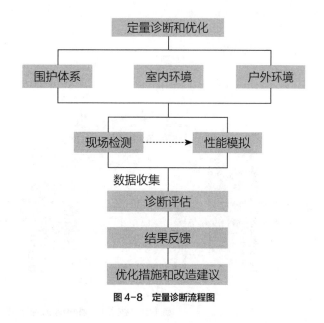

图4-8 定量诊断流程图

4.2.1 围护体系热工性能

1）概念和问题

围护体系热工性能是指建筑物围护体系的热物理特性，包括保温性能、防热性能及防潮性能。围护体系热工性能的高低决定了建筑室外气候通过建筑围护结构对室内热环境的影响程度，是影响住宅品质的重要因素。

室外热环境可通过围护体系对室内环境造成影响，当室外空气温度大于室内温度时，室外热量将向室内传递，如图4-9，其热量传递方式有以下几种：

（1）空气对流换热：室外环境通过室内外空气对流将热量传入室内，使室内温度上升；

（2）太阳辐射传热：太阳辐射热透过外窗等透明围护体系直接把热量传递到室内，太阳辐射及其间接辐射透过外窗照射在室内表面，使之温度升高；

（3）外来长波辐射传热：建筑周围环境表面，如地面、路面等会在太阳辐射的作用下升温，从而发出长波辐射，长波辐射透过窗户进入室内或使建筑表面温度升高；

（4）围护体系传热：在室外高温及太阳辐射的作用下，屋顶、外墙因受热使外表面温度升高，将热量传入室内，使围护体系内表面及室内气温升高。

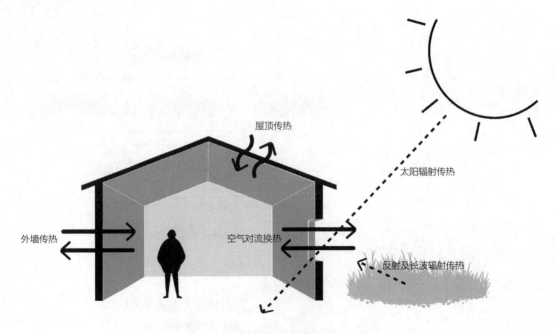

图4-9 室内外通过围护体系的换热过程示意图

对于既有住区建筑来说，通常是由于建设标准低、围护体系部件劣化等原因引起建筑品质下降、能耗大等问题。例如：北方采暖地区较易出现墙体破损、缺乏保温层、冷风渗透等现象，进而导致墙体保温性能变差；南方地区较易出现墙体破损、围护体系受潮、防热性能变差等问题。建筑外围护体系是抵御室内环境不受外界条件变化的重要构件，围护体系保温性能、防热性能或防潮性能中某一性能下降均会影响室内热环境，增大建筑制冷或制热的能耗。

2）诊断与优化流程

针对以上问题，一般可采用现场测试或性能模拟方法对围护体系热工性能进行定量诊断，分析围护体系性能现状。在对围护体系进行定量化诊断后，应针对围护体系热工性能薄弱部位进行科学改造。根据相关围护体系热工设计标准及当地常用围护体系改造方法，并结合实际改造案例，构建改造方案策略库，并对不同的改造方案进行比选，最终确定最优改造方案。

以围护体系热工性能诊断问题为基础，对其进行分析，确定问题原因，提出对应的改造措施和建议，并进行改造方案构建和比选，具体流程如图4-10所示。

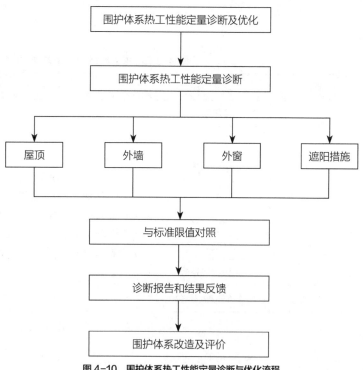

图4-10　围护体系热工性能定量诊断与优化流程

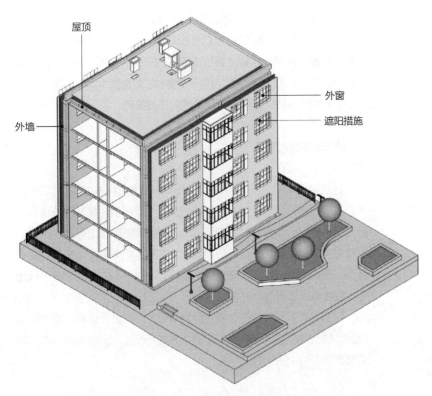

图 4-11 围护体系热工性能定量诊断与优化部位示意图

表 4-3 围护体系热工性能定量诊断部位与指标

部位	诊断指标	参考标准
外墙	传热系数	[1]《建筑节能与可再生能源利用通用规范》GB 55015-2021 [2]《民用建筑热工设计规范》GB 50176-2016 [3]《严寒和寒冷地区节能设计标准》JGJ 26-2018 [4]《夏热冬冷地区居住建筑节能设计标准》JGJ 134-2010 [5]《温和地区居住建筑节能设计标准》JGJ 475-2019 [6]《夏热冬暖地区居住建筑节能设计标准》JGJ 75-2012
外墙	热惰性	
屋顶	传热系数	
屋顶	热惰性	
外窗	传热系数	
外窗	气密性	
外窗	太阳得热系数	
遮阳措施	建筑外遮阳系数	

3）诊断内容与指标

围护体系热工性能主要与外墙、屋顶、外窗及外遮阳设施等构件有关。针对不同构件应选取不同的指标来进行定量诊断，围护体系热工性能诊断部位示意如图4-11。围护体系热工性能的主要评价指标包括传热系数、遮阳系数、气密性等。

对于严寒和寒冷地区，应诊断外墙和屋面的传热系数、热工缺陷及热桥部位内表面温度以及外窗、透光幕墙的传热系数；对于夏热冬冷和夏热冬暖地区，应诊断外墙和屋面的传热系数、外遮阳系数。所有地区均应诊断外窗、透光幕墙的气密性及除北向外，外窗、透光幕墙的太阳得热系数，如表4-3。

4）诊断手段

根据住宅更新理论及分类方法，围护体系主要部位包括外墙、屋顶、外窗等。针对这些关键部位，采用现场检测和性能模拟手段对围护体系热工性能相关指标数据进行采集。

（1）现场检测

现场检测一般会针对围护体系的传热系数、气密性、内外表面温差等方面进行数据采集和测试，以此来直观反映围护体系热工性能情况。

（2）性能模拟

当前主要采用能耗模拟软件对围护体系热工性能进行模拟，通过模拟软件，可间接地反映围护体系热工性能问题。常见的模拟软件有eQUEST、DeST、DOE-2、EnergyPlus等，常见的模拟参数包括传热系数、建筑负荷、建筑能耗、围护体系换热量等指标。

以EnergyPlus为例，建筑能耗等指标的模拟步骤包括以下四步：基础信息收集（建筑形态、建筑层数、建筑围护体系信息等）—建筑模型建立（借助第三方软件对建筑基础信息进行导入）—模拟软件设置（气象参数、建筑制冷/制热系统信息、围护体系材质信息等）—模拟结果提取（借助第三方软件对模拟结果数据进行分析）。

围护体系热工性能模拟与优化

案例信息

基础信息

建设年代：1985年

层数：6F

户数：30

结构形式：砖混结构

布局形式：板式

平面形式：一梯两/三户

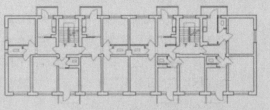

图4-12 案例图纸重绘与建模

信息采集与模拟

通过现场检测与核查，记录建筑本体基本信息（建造年代、建筑层数、结构体系等）、围护体系各部件基本信息（墙体、屋顶、外窗、遮阳措施）等资料；对照围护体系热工性能诊断内容，对围护体系各部位进行实测和性能模拟诊断，获取住栋围护体系各项指标实际值，并与相关标准现值进行对照。

本案中（图4-12），采用现场实测与性能模拟相结合的手法，现场实测测试建筑室内的温湿度，将温湿度数据与相关标准规定数据进行对比，从而判断建筑围护体系是否存在问题。通过性能模拟可直接模拟计算出建筑围护体系传热系数等指标，与标准对比判断围护体系各项系数是否达标（图4-13）。

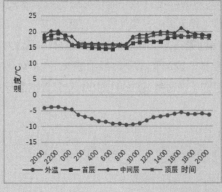
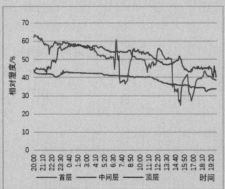

图4-13 案例围护体系热工性能模拟结果

模拟结果

通过现场实测及性能软件模拟,发现建筑围护体系主要存在以下问题。此外通过室内温湿度实测可知该建筑内部冬季温度不达标,也说明围护体系热工性能存在问题:
- 围护体系墙体传热系数不达标,且存在热工缺陷部位;
- 围护体系屋顶传热系数不达标,且存在渗漏现象;
- 围护体系外窗传热系数及气密性均不达标;
- 围护体系遮阳措施缺乏。

优化建议与方案比选

根据诊断结果判断,当前建筑围护体系热工性能存在问题,则需对其进行改造与优化。结合当地常用做法及相关标准规定,设定改造方案策略库(图4-14)。主要措施为:

(1)墙体改造:外墙体加装保温层且进行立面修缮;
(2)屋顶改造:屋顶增加保温层且进行防水处理;
(3)外窗改造:对不满足要求的外窗进行更换,对缺失部位进行加装外窗;
(4)遮阳措施:加装遮阳板。

针对不同的改造措施,再次应用性能模拟软件判断其改造后效果,最终遴选出最优的改造方案。

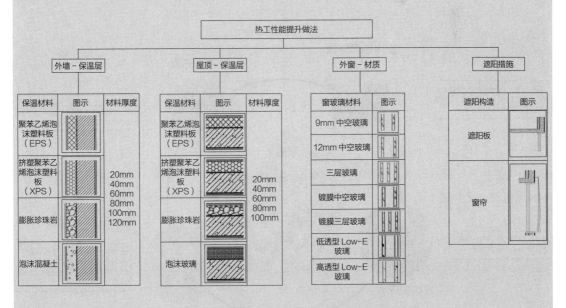

图4-14 模拟案例中围护体系热工性能优化方案

4.2.2 室内环境品质

1）概念和问题

室内环境是指通过外墙、屋顶、外窗等围护结构围合而成的空间，是与外界大环境相对分隔的人工小环境。人类约有90%的时间是在室内环境中度过，因此室内环境品质直接关乎人类生理和心理健康。室内环境是一个复杂的整体，包含热湿环境、声环境、光环境和空气品质等各方面因素，如图4-15所示。室内环境再生主要围绕室内热湿、声、光、空气品质四个方面的物理环境性能。

室内热湿环境是指室内空气的热湿特性，由外扰（室外气候参数、邻室的空气温湿度通过围护结构传热传湿等）和内扰（室内设备、照明、人员等热湿源）共同影响形成。室内声环境主要受到噪声的影响，交通噪声为主要噪声来源，其次还有社会生活噪声、工业噪声和建筑施工噪声等。室内光环境由自然光环境和人工光环境两部分组成。关于空气品质，相关标准[①]中定为无毒、无害、无异常臭味。

当室内环境存在热湿环境品质不达标、采光不足、噪声过大等问题，影响使用者舒适度时，则需要通过再生手段进行改善。对于室内环境品质的诊断和优化，可以采用现场检测和性能模拟的方法进行分析和评估，以此为基础，提出室内环境品质提升改造措施和优化设计建议。

① 《室内空气质量标准》GB/T 18883-2002

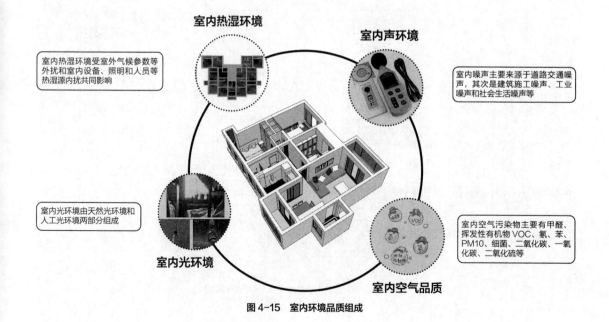

图4-15 室内环境品质组成

2）诊断与优化流程

要明确室内热湿、声、光、空气品质四个方面物理环境性能的关键诊断要素，可采用现场检测和性能模拟两种手段对室内环境相关指标数据进行采集，计算对应的指标参数，并通过与标准限值对照，找出室内环境品质存在的问题。依据诊断报告和结果反馈，对室内环境品质关键要素进行针对性分析，确定需要进行优化的部位，提出对应的改造措施和建议，最后进行改造方案构建和方案比选，具体流程如图4-16所示。

3）诊断内容与指标

以住区建筑为例，室内环境品质（室内热湿环境、室内声环境、室内光环境和室内空气品质）的相关现行标准如表4-4所示。通常对室内环境的诊断和评估都以相关的标准规范为依据。

其中，室内热湿环境的主要诊断指标有室内温度、室内相对湿度、室内黑球温度和室内风速等，一般通过黑球温度计、干湿球温度计、热敏电阻风速计等仪器对相关诊断指标数值进行采集。室内声环境的主要诊断指标包括主要功能房间日间/夜间噪声级和空气声隔声评价量，可以通过积分平均声级计和环境噪声自动检测仪器等获得相关诊断指标数值。室内光环境的主要诊断指标为八项基本光环境评价指标[①]，一般通过照度计、亮度计、光谱辐射计等进行数据测

① 八项基本光环境评价指标：照度、均匀度、眩光值、色温、显色指数、频闪、光谱和光效

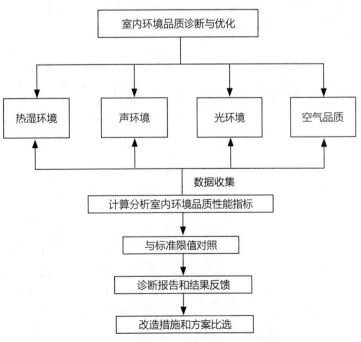

图 4-16　室内环境品质定量诊断与优化流程图

量。室内空气品质的主要诊断指标包括室内CO_2、甲醛、TVOC、苯系物、PM2.5、PM10等17种污染物浓度，一般通过空气质量监测仪、颗粒物浓度检测器等仪器进行数值采集，其中CO_2浓度是评价室内空气品质的重要指标。

4）诊断手段

在进行室内环境品质的性能检测时，要基于室内环境现状，参照相关诊断指标，对已有资料进行现场调研核查、实地测量、收集住户对于室内环境的主观评价等。此外，还可以借助计算机性能模拟方法对室内环境进行性能模拟。具体诊断手段如下：

（1）现场检测

在室内外合理布置测点，记录室内环境品质相关各项物理参数，例如：室内热湿环境相关的温度、相对湿度、黑球温度和风速；声环境相关的主要房间（卧室、客厅）室内噪声水平和主卧窗洞外噪声水平；光环境包括室内灯具物理参数和自然采光、人工照明两种条件下的室内照度、均匀度等八项基本光环境评价指标的测量；室内空气品质的检测通常监测室内空气污染物浓度的变化。在此基础上，还可以收集住户对于室内环境的主观评价。

（2）性能模拟

常用于室内环境模拟的软件包括SEDU、Cadna/A（噪声模拟）、Fluent、Phoenics、Ecotect、Radiance、Daysim、DIALux（采光模拟）等，如图4-17所示。

表4-4　室内环境品质诊断指标与规范限值

室内环境类别	诊断指标	仪器	规范限值
热湿环境	室内温度、室内相对湿度、室内黑球温度、室内风速	黑球温度计、干湿球温度计、热敏电阻风速计等	《民用建筑室内热湿环境评价标准》GB/T 50785　《民用建筑热工设计规范》GB50176　ASHRAE 55、ISO 7730系列标准
声环境	主要功能房间日间/夜间噪声级、空气声隔声评价量（dB）	积分平均声级计、环境噪声自动检测仪器等	《声环境质量标准》GB 3096　《民用建筑隔声设计规范》GB 50118
光环境	八项基本光环境评价指标	照度计、亮度计、光谱辐射计等	《光环境评价方法》GB/T 12454　《建筑照明设计标准》GB 50034　《建筑采光设计标准》GB 50033
空气品质	室内CO_2、甲醛、TVOC、苯系物、PM2.5、PM10浓度等	空气质量监测仪、颗粒物浓度检测器等	《民用建筑工程室内环境污染控制规范》GB 50325　《室内空气质量标准》GB/T 18883　《室内空气中二氧化碳卫生标准》GB/T 17095　《居室空气中甲醛的卫生标准》GB/T 16127　《民用建筑供暖通风与空气调节设计规范》GB 50736

```
                    室内环境模拟软件
        ┌──────────────┼──────────────┐
     噪声模拟        风热环境模拟       光环境模拟
     Cadna/A          Fluent          DIALux
     SEDU             Phoenics        Radiance
                      Ecotect         Daysim
```

图 4-17 室内环境常用模拟软件（仅列举部分常用软件）

住宅室内光环境模拟与优化

基础信息
建设年代：1978年
住区位置：大连市
结构形式：砖混结构
布局形式：板式
平面形式：一梯三户
采光朝向：南北朝向
户型层数：3F

案例中通过现场检测与图纸信息，记录建筑本体基本信息（窗口尺寸、采光朝向、窗地比与窗墙比、遮阳类型等）和室内灯具信息等资料。以此为依据，在DIALux软件中进行信息建模（图4-18），分别模拟白天自然采光光环境和夜间人工照明光环境，模拟结果如图4-19所示，将模拟所得光环境各项指标参数值与相关标准（表4-4）进行对照。通过数值比对，发现该户型光环境照度不能满足标准要求，存在照明方式单一、光源指标差异大的问题，从两个方面提出优化建议：

（1）自然采光优化：升级窗体系统、安装反光板增加自然光；

（2）照明效果优化：综合考虑灯具的性能和效率，不同功能房间选择不同的光源；调整灯具布置确保亮度的合理分布，避免产生眩光。

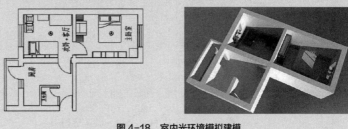

图 4-18 室内光环境模拟建模

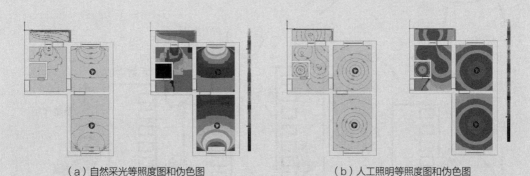

（a）自然采光等照度图和伪色图　　（b）人工照明等照度图和伪色图

图 4-19 室内光环境模拟结果

4.2.3 户外热环境品质

1）概念与问题

户外环境是与室内环境相对的一个空间概念，在住区建筑中指除住宅等建筑主体外，对居民生活起居产生影响的周围环境、场地设施、景观绿地等。户外环境是居民生活的重要组成部分，包含声环境、光环境、热环境、风环境等品质内涵。户外环境品质中，热环境品质直接影响人们户外活动的安全性和舒适性，并通过外围护结构作用于室内热环境，对既有住区建筑品质具有重要意义。

户外热环境是指由太阳辐射、大气温度、空气湿度、风、降水等因素综合组成的，作用在外围护结构上的一切热物理量的总称。由于过去住区规划设计对户外热环境重视不足，以及年久失修导致的设备设施陈旧等原因，我国现有大规模存量住宅小区中普遍存在居住环境品质劣化严重、绿地空间不足、缺乏合理规划等问题，户外热环境存在明显缺陷。户外热环境品质的定量诊断和优化，即针对这些问题，采用现场检测和性能模拟方法分析和评估既有住区室外热环境品质现状，以此为基础，提出住区户外热环境品质提升改造措施和优化设计建议。

住区建筑户外热环境是指建筑围护体系边界外所有热环境相关要素的总称。住区建筑户外空间形态通过影响城市冠层和地表的能量平衡及空气流动，影响户外热环境，其具体热物理过程如图4-20所示。

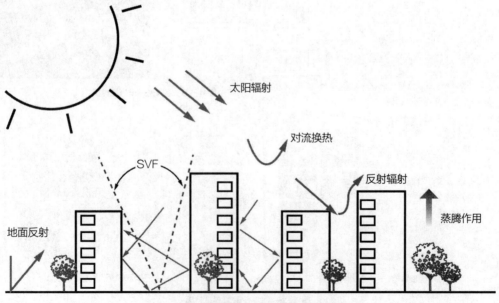

图4-20 "住区建筑"户外环境热物理过程图解

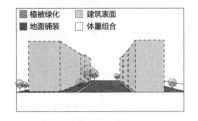

基于城市形态与城市微气候环境关联性的理论，一般可将住区组团室外热环境关键影响因素归纳为地面铺装、植被绿化、建筑表面和体量组合四大类型及其下属子类别（图4-21）。地面铺装和建筑表面对太阳辐射的吸收和反射，植被绿化对太阳辐射的遮挡、透过和蒸腾作用，建筑体量对太阳辐射的遮挡和吸收、反射等，均对住区建筑局地热环境产生影响。

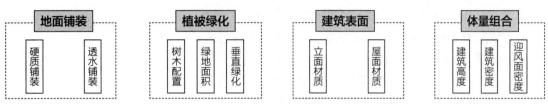

图 4-21 住区室外热环境关键影响因素

2）诊断与优化流程

针对这些关键要素，可采用定量化手段对相关基础信息和数据进行采集，并计算户外热环境对应指标参数，通过与标准限值对照，发现户外热环境品质存在的问题。依据诊断报告和结果反馈，对户外热环境品质关键要素进行针对性分析，确定需要进行优化的部位，提出对应的改造措施和建议，并进行改造方案构建和方案比选，具体流程如图4-22所示。

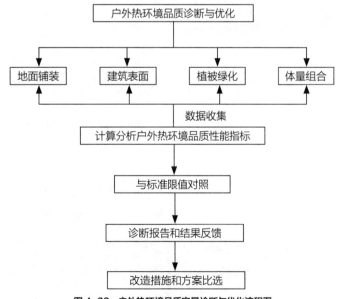

图 4-22 户外热环境品质定量诊断与优化流程图

3）诊断内容和指标

人体对周围环境的热感觉不仅与周围环境的客观物理条件如空气温度、黑球温度、湿度和风速等有关，而且还受到人的主观意识和生理适应等因素的影响。因此对室外热环境的诊断除了包含对客观物理环境的评价外，还应包含人体主观热感受的评价。

常用于描述室外活动时人的生理热感受的指标有生理等效温度（PET）、通用热气候指数（UTCI）和室外标准有效温度（OUT_SET*）等。而对周围环境因素的评价主要参考我国现行相关标准。我国幅员辽阔，各地气候特点差异悬殊，不同气候条件对住区户外热环境提出不同的设计要求。本部分整理了部分室外热环境诊断与评价的相关标准，可作为住区户外热环境诊断的参照标准①。

根据我国《城市居住区热环境设计标准》JGJ 286-2013的规定，居住区室外热环境应采用规定性设计或评价性设计。规定性设计应满足有关通风、遮阳、渗透与蒸发、绿地和绿化的规定性设计要求。当居住区热环境不能满足规定性设计要求时，采用评价性设计，通过优化调整设计，加强或采取其他有利做法使居住区热环境满足夏季逐时黑球湿球温度和平均热岛强度两项设计指标限值要求②。同时对于室外热环境，应依据《绿色建筑检测技术标准》的规定进行热岛强度测试。以《城市居住区热环境设计标准》为主要参照，对住区户外热环境诊断相关量化指标进行梳理，具体限值要求如表4-5所示。

①参照标准：
[1]《城市居住区热环境设计标准》JGJ 286-2013
[2]《既有建筑绿色改造评价标准》GB/T51141-2015
[3]《既有社区绿色化改造技术标准》JGJT 425-2017
[4]《绿色建筑评价标准》GBT 50378-2019
[5]《绿色建筑检测技术标准》T/CECS 725-2020

②湿球黑球温度（WBGT）：自然湿球温度、干球温度和黑球温度的函数；平均热岛强度：居住设计的逐时空气温度与同时刻当地典型气象日空气干球温度的差值（℃）。

表4-5 户外热环境诊断内容和诊断指标

类别	诊断指标	限值要求
设计指标	夏季逐时湿球黑球温度	≤33℃
	夏季平均热岛强度	≤1.5℃
规定性指标	通风	1）居住区夏季平均迎风面积比 Ⅰ、Ⅱ、Ⅵ、Ⅶ建筑气候区：≤0.85；Ⅲ、Ⅴ建筑气候区：≤0.8；Ⅳ建筑气候区：≤0.7 2）Ⅲ、Ⅳ、Ⅴ建筑气候区，围墙的可通风面积率宜＞40%；当夏季主导风向上的建筑物迎风面积宽度超过80m时，该建筑底层的通风架空率不应＜10%
	遮阳	1）居住区活动场地遮阳覆盖率 Ⅰ、Ⅱ、Ⅵ、Ⅶ建筑气候区：广场≥10%；游憩场≥15%；停车场≥15%；人行道≥25% Ⅲ、Ⅳ、Ⅴ建筑气候区：广场≥25%；游憩场≥30%；停车场≥30%；人行道≥50% 2）绿化遮阳体的叶面积指数不应小于3.0
	蒸发与渗透	1）居住区地面蒸发与渗透指标 Ⅰ、Ⅱ、Ⅵ、Ⅶ建筑气候区：地面透水系数≥3mm/s；蒸发量≥1.6kg/m²·d；渗透面积比率：广场≥40%；游憩场≥50%；停车场≥60%；人行道≥50%； Ⅲ、Ⅳ、Ⅴ建筑气候x区：地面透水系数≥3mm/s；蒸发量≥1.3kg/m²·d；渗透面积比率：广场≥50%；游憩场≥60%；停车场≥70%；人行道≥60% 2）Ⅲ、Ⅳ、Ⅴ建筑气候区，社区内硬质铺装地面中透水铺装面积比例≥30%
	绿地与绿化	1）绿地率≥30%，每100m²乔木数量≥3株 2）居住区内建筑屋面的绿化面积不应低于可绿化屋面面积的50%

4)诊断方法和手段

在户外热环境品质性能检测过程中,要根据目标区域现状,参照诊断指标和已有资料,采用现场调研核查、实地测量和性能模拟等方法和手段,全面地对住区建筑户外热环境品质进行客观真实的评估,以提升诊断的有效性。具体诊断手段如下:

(1)现场检测

在目标区域合理布置测点,记录空气温度、相对湿度、太阳辐射、风速风向等各项物理参数,同时通过实地调研收集平均迎风面积比①、夏季户外遮阳覆盖率、绿化率、户外活动场地和人行道路地面渗透与蒸发指标、绿化屋顶面积占比等热环境相关指标值。

> ①平均迎风面积比:居住区或设计地块范围内各个建筑物的迎风面积比的平均值;
> 叶面积指数:单位土地面积上植物叶片总面积占土地面积的倍数。

(2)性能模拟

采用CFD(计算性流体力学)方法对住区室外热环境进行性能模拟,常用于户外热环境模拟的CFD软件包括:ANSYS Fluent、Phoenics、OpenFOAM、ENVI-met、Ladybug和Ecotect等(图4-23)。其中ENVI-met作为一种三维城市微气候模拟软件,综合考虑了风、绿地、太阳辐射等多种因素对微气候的影响,是目前在城市热环境前沿领域里活跃的数值模拟工具,其准确性得到校验。以Envi-met为例,户外热环境模拟的步骤包括以下四步:基础信息收集(建筑主体信息、住区绿地、道路和场地等)-数值模型建立(网格划分、几何模型建立)-模拟条件设置(气象参数、边界条件、模拟时间)-模拟结果提取(可视化处理、热指标计算)。

图4-23 户外热环境模拟的常用软件(仅列举部分常用软件)

住区户外热环境模拟与优化

案例信息

基础信息
建设年代：1970—1990年代
住区位置：大连市
结构形式：砖混结构
组团布局：行列式
住栋层数：5~7F

图4-24　组团平面与照片

信息采集与建模

通过现场检测与图纸信息（图4-24），记录建筑本体（屋顶、外立面材质和颜色）、小区道路和广场（材质，面积，遮阴率）、小区绿地（绿地分布、绿地面积、绿地类型、植物种类）、小区停车场（面积、位置、材料）等资料；以此为依据，在ENVI-met软件中进行信息建模，为简化模型，忽略了部分对室外热环境影响较小的部件，数值模型如图4-25所示。

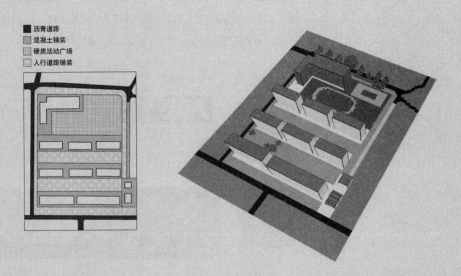

图4-25　组团信息模型建立

模拟与计算

组团内铺地以硬质地面为主,所以蒸发率与渗透率不达标;该住区组团绿地和植被较少,绿地率和遮阳覆盖率远低于限值要求;根据模拟设定,分别计算夏季和冬季主导风向下的UTCI、风速风向、空气温度、平均辐射温度,模拟结果显示该组团夏季大部分区域处于重度热压力、冬季大部分区域处于重度冷压力,且局部风速大于5m/s,室外热环境舒适性差(图4-26)。

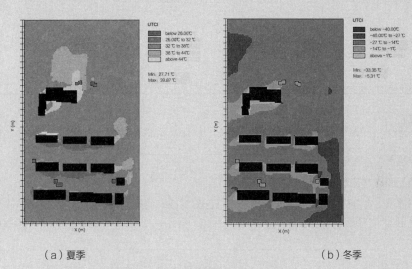

(a)夏季　　　　　　　　　　　(b)冬季

图4-26　住区组团室外热环境模拟结果

优化建议与方案比选

从以下四方面对该住区组团改造提出优化建议,①地面铺装:地面宜翻新修缮,并采用透水路面改造;②植被绿化:增加绿地面积和植物配置,新增屋顶绿化面积;③建筑表面:改变外立面材质和颜色;④体量组合:局部拆除建筑疏通夏季风道,底层局部架空,可部分加层改造,补偿容积率。

以此为依据,构建了三个层级的改造方案(图4-27),并通过性能模拟对比不同改造方案的优化效果,遴选出最优方案。

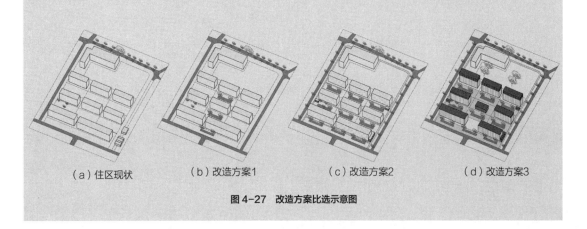

(a)住区现状　　(b)改造方案1　　(c)改造方案2　　(d)改造方案3

图4-27　改造方案比选示意图

本章思考题

1. 诊断的流程包含哪些？请举例说明。
2. 定量诊断的原理与流程是什么？请举例说明。
3. 建筑围护体系/室内环境/户外环境品质由哪几部分组成？请举例说明。

第 5 章

再生设计
Renovation Design

　　既有建筑的再生过程主要包括针对老化建筑的前期策划、再生设计、再生实施和后期运维几个阶段。其中再生设计阶段在整个过程中对整体再生品质和效果起着关键作用。

　　"再生设计"中的"再生"是对不同既有建筑施加改造的行为，由于需求的不同，改造行为过程有着不同的目标。而"设计"则是达成改造行为目标的步骤、标准和手法。因此，再生设计可以理解为在多样化改造需求下，通过不同方式达成适宜的改造目标，最后以改造目标为导向的设计策略与方法的评估与筛选。

　　本章在概述了何为再生设计之后，以住区建筑的再生为例，对相关的法律法规到阶段性品质提升的再生策略进行了详细的论述。最后，对居住建筑不同建筑部位以及绿色再生常用的再生设计手法进行了详细的介绍。

5.1 何为再生设计

1)再生设计的思考

建筑再生设计是对建筑的历史、结构、经济价值、社会价值等多方面要素进行综合评估后,做出对建筑物实施保存、更新、拆除等不同程度再生的决策,通过对建筑形态、品质、性能、技术、环境等单项或者多项属性的操作,提出具体实施手法的过程。

办公建筑、商业建筑、历史建筑、居住建筑等不同用途类型的建筑的再生设计所需要考虑的侧重点都有所不同(图5-1)。例如:学校、文体设施的再生设计侧重安全性能改善的居多;办公建筑、商业建筑的再生设计侧重于市场需求、顾客需求的居多。同为居住建筑,一般的住宅与具有历史保存价值的民居的再生设计所要考虑的要素也是大有区别,住区建筑通常会以剩余使用寿命、市场价值来权衡再生设计需要投入多少资金以及使用什么样的设计手法。而对于具有历史保存价值的民居建筑来说,如何还原保存历史风貌,传承后人则将成为再生设计所要着重考虑的要素。

图 5-1 建筑再生设计的诸多思考要素

2）再生设计与新建建筑设计的不同

首先，需根据建筑本体的实际情况，提出再生设计手法。即便是同一建筑部位的再生设计手法也很多样，为了科学地提出再生设计手法，必须结合建筑本体的诊断结果进行判断。从以往的经验来看，安全性能的提升与室内环境的舒适度的提升是大多数老旧建筑所面临的需要解决的重要问题。除此之外，为顺应社会可持续发展的需要，再生设计手法的选择同时也必须考虑节能性等对环境的影响。

其次，需结合居住人群的特征与需求，提出再生设计手法。与新建建筑不同，既有建筑有使用者。所以在做再生设计的时候，必须通过问卷或访谈等形式尽可能地了解居住人群的特征与需求。结合使用者的切实需要，针对有必要改造的部位以及场所，提出再生设计手法。以住区建筑为例，老旧小区的居住者的年龄趋于老龄化为普遍现象。因此，必须酌情考虑无障碍铺路、加建电梯、开设老年活动中心等适老化设计。

除此之外，再生设计手法的提出，不仅仅局限于满足现状。顺应时代发展、对未来环境变化进行预判，也非常重要。如信息智能化管理技术的导入或空间预留，符合周边环境发展规划的空间可变性设计等。

以上，单纯是从建筑学的层面上对再生设计的考虑要素的论述（图5-2），当然在实际操作时，建筑再生成本，项目的可行性等都会影响再生设计手法的选择。

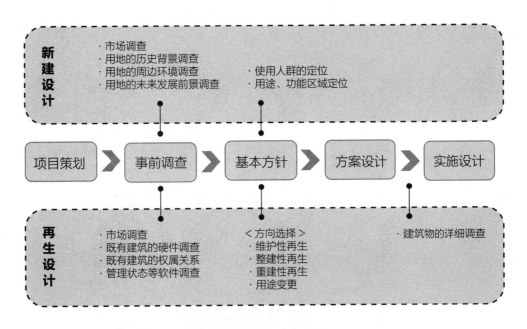

图5-2 再生设计与新建设计的流程比较

5.2 再生分类

由于建筑再生属于新的产业活动领域，且范畴和内容广，各地区针对再生分类的划分思路有一些差别。欧洲的再生主要从改造范围和深度分为三大类，即维护住宅正常使用状态的基础改造、能够有效改善现有居住条件地对建筑进行改扩建的整体改造以及全方位改善居住环境的老旧建筑拆除重建。而在日本，松村秀一教授将建筑再生根据建筑部位和改造方式分为11种（图5-3），包含了从最基础的维护到楼栋的改扩建、结构加固、功能转换，再到最后的拆除重建等。此外，再生分类也有从不同的建筑功能和要素进行划分，如再生的建筑类型可分为居住建筑、办公建筑、工业建筑、文化建筑、文物建筑等。住区建筑划分方式则体现在范悦教授提出的住区建筑概念中的外围护体系、户型平面、户外环境以及辅助构件。

本书在整合上述分类方法的基础上，提出维护性再生、整建性再生、重建性再生以及用途变更四种分类方式，列出相应的再生设计手法以及所涉及的部位范畴（表5-1）。

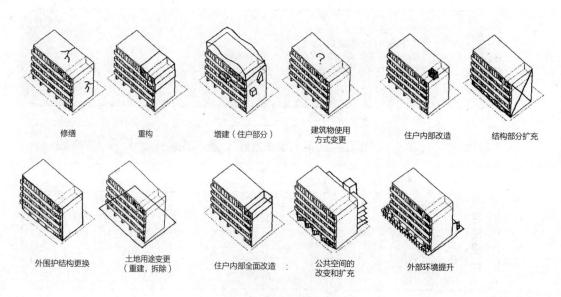

图5-3 日本的建筑再生分类
（资料来源：参考文献[3]）

5.2.1 维护性再生

维护性再生是对既有建筑通过维护，使建筑维持正常使用状态，改善区域内公共设施，提高物业经营效益。维护性再生的范畴主要包含建筑的小修和中修，小修是对房屋使用中正常的小损小坏进行及时修复的预防性养护工程，中修为需要牵动或拆换少量主体构件，但保持原建筑的规模和结构的工程。从再生设计手法来看，主要包括修缮、室内局部改造、外表面翻新等。

1）修缮

是在日常使用中，针对建筑物的自然退化或因外部因素破损的部分进行小面积的修补或更换，以此维持原有建筑物的性能与品质。

2）室内局部改造

是在使用过程中，对室内空间层面的现有布局、设备及材料进行的日常性改造，改造程度比起修缮高一些，会对管线进行少量改动，但保持原有结构形式。

3）外表面翻新

是针对建筑外立面的材料或颜色的脱落等现象，进行的局部翻新工作。由于此工作以维护为主，设计为辅，因此翻新后与原有外观会有少量的变化。

5.2.2 整建性再生

整建性再生是对既有建筑根据改造需求分别采取改建、扩建、部分拆除等方法，明显改善旧区整体品质。整建性再生主要包括大修和综合维修，大修是需要牵动或拆换部分主体构件，但不需要全部拆除的工程，而综合维修则是成片多幢一次性应修尽修的工程。整建性再生主要包括增筑、减筑、加固支撑结构、外围护结构更换、外部环境提升等。

1）增筑

在满足结构安全度和使用功能的前提下，在原有建筑群或主体上直接加建或是借助外部结构支撑进行加建。加建原则是尽可能减少对原有结构的影响，或是采用独立结构，依附于既有建筑。

2）减筑

消除一些腐化或不必要的机能空间。某些地区因产业调整、人口减少或家庭结构变化，空置的办公或住宅空间增加，通过减层、底层架空、局部消减的方式，减少建筑体量，提高旧区整体品质。

3）加固支撑结构

建筑在长时间使用中，因结构性能退化或原有结构设计标准无法满足现行抗震要求，对原有结构进行补强，以此保证建筑的结构安全性。

4）外围护结构更换

为了提升外立面功能和效果、或外围护体系性能，在不影响整体支撑结构的前提下，将整个外围护结构拆除并重新建设。

5）外部环境提升

对建筑周边的环境进行升级改造，以此提升整体空间氛围和舒适性。外部环境改造内容较多，主要包括道路、停车、绿植、休息空间、景观小品、运动游玩设施等。

表 5-1 建筑再生分类

	再生内涵	再生设计手法	涉及的部位		
			结构	内装	立面
维护性再生	• 小修：对房屋使用中正常的小损小坏进行及时修复的预防性养护工程 • 中修：需要牵动或拆换少量主体构件，但保持原房的规模和结构的工程	修缮	○	○	○
		室内局部改造	/	●	/
		外表面翻新	/	/	●
整建性再生	• 大修：需要牵动或拆换部分主体构件，但不需要全部拆除的工程 • 综合维修：成片多幢一次性应修尽修的工程	增筑	●	●	/
		减筑	●	/	/
		加固支撑结构	●	/	○
		外围护结构更换	/	○	●
		外部环境提升	/	/	●
重建性再生	• 翻建：对房屋进行全部拆除，原址重建的过程 • 拆除重建：对旧居住区拆除后进行重新规划、重新建设	拆除重建	/	/	/
用途变更	• 由于建筑不能满足现有功能要求，将既有建筑用途或者使用方法进行变更	用途变更	○	●	○

●为强相关　○为弱相关　/为不相关

5.2.3 重建性再生

重建性再生是指对老旧建筑地块进行拆除清理后，在用地内重建住宅或其他建筑及设施，彻底改善原有的建筑及环境品质。拆除重建也属于居住环境再生行为的一种，因此不应该将它与既有建筑再生进行对立，而应该作为同一方向的不同选择，属于广义再生的一部分。但是在拆除前应该做充分调研和研究，建立一个明确且令人信服的依据来实行，以免造成大量拆除带来的资源的浪费。

5.2.4 用途变更

由于建筑不能满足现有功能要求，要将原建筑用途或者使用方法进行变更。功能转换主要在居住建筑和公共建筑之间相互转移。

一些公共建筑在其结构完好、丧失了原有建筑功能的情况下，可保留其外轮廓或内部特色设施，将其功能置换成居住建筑。相反，一些居住建筑在保留原有特色住宅外立面、结构、符号下，可将其功能置换成其他用途建筑，如展览馆、商业娱乐设施等（图5-4）。

改造前
· 建筑整体调查
· 前期病理诊断

结构体的拆除、补强
· 装饰材料的拆除
· 墙体的拆除
· 结构补强

功能的变更
· 隔断的变更
· 内装材料的加装

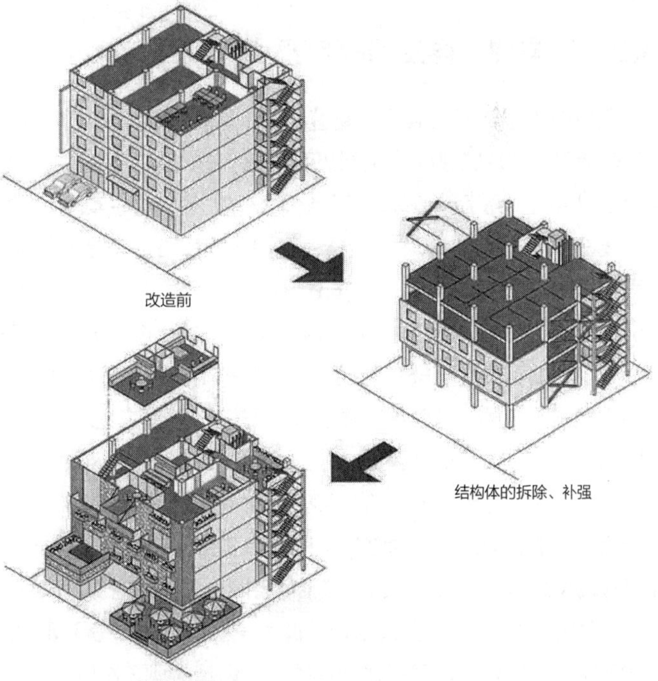

图 5-4　用途变更
（资料来源：参考文献[3]）

5.3 目标与策略

5.3.1 建筑再生的阶段性

从宏观上看,建筑再生多包含一定的环境考虑,例如除主体建筑外的周边配套设施、建筑群间的户外空间环境等多个空间维度。同时,不同气候带和地域性标准(配置)也会产生重要的影响。当然,也不能忽视发展阶段、经济条件以及文化和使用人群的需求等影响。在微观上,任何住宅及其环境,自建成起都会经历功能退化、劣化等过程,为了更好地对其修缮、修复以及提升,需要研究和摸清其病症、病理和成因,以便科学地诊断评估,采取合理有效的再生改造方法。

因此,在策划建筑再生项目的初期,必须首先考虑其改造的阶段性。建筑不同部位和构件的使用寿命以及更换周期各不相同,很难在单次再生中解决建筑品质退化过程中的所有问题。此外,处在不同使用阶段的建筑所表现出的突出问题也存在差异,应该在确立其优先次序的前提下,针对不同品质要素采用适宜的提升工具方法,满足新的使用者需求,实现品质提升目标。以下,以住区建筑为例,具体介绍何为建筑再生的目标与策略。

5.3.2 我国现行再生目标与指引

我国早期的建筑再生实践主要遵循各地以需求为导向的再生指引,这些指引所涉及的部位、要素以及改造优先次序有所出入,指引深度也不尽相同。为了科学有效指导全国不同地区的再生实践,住房和城乡建设部以"经验—标准—目标—指引"的思路,开始了改造目标指引的探索。从2017年底开始在厦门、广州等15个城市启动了城镇老旧小区改造试点,到2018年12月试点城市共改造老旧小区106个,形成了一批可复制可推广的经验。2019年以来,住房和城乡建设部会同发展改革委、财政部印发了《关于做好2019年老旧小区改造工作的通知》,指导地方因地制宜提出当地城镇老旧小区改造的内容和标准,推动地方创新改造方式和资金筹措机制等。2020年国务院办公厅《关于全面推进城镇老旧小区改造工作的指导意见》(以下简称国务院改造指导意见)出台,将城镇老旧小区改造内容明确为基础类、完善类、提升类3个改造目标,此后一些省份和部分重要城市根据国务院改造内容出台了因地制宜的改造设计导则(图5-5),开启了国务院改造目标统领下的设计导则百花齐放的新局面。

在国务院提出的老旧小区改造分类中(表5-2),基础类是为满足居民安全需要和基本生活需求的内容，属于维护性再生范畴，主要是市政配套基础设施改造提升以及小区内建筑物屋面、外墙、楼梯等公共部位维修等。完善类是为满足居民生活便利需要和改善型生活需求的内容，主要是环境及配套设施改造建设、小区内建筑节能改造、有条件的楼栋加装电梯等。提升类是为丰富社区服务供给、提升居民生活品质、立足小区及周边实际条件积极推进的内容。基础类和完善类改造对象主要包括小区内部环境及建筑物，而提升类主要涉及小区及周边的公共设施配套。

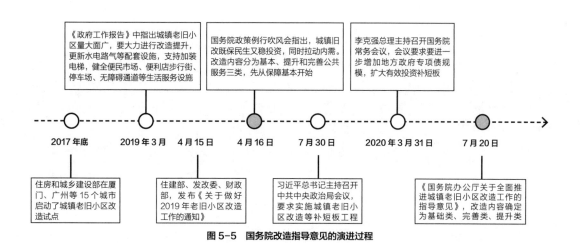

图 5-5　国务院改造指导意见的演进过程

表 5-2　《关于全面推进城镇老旧小区改造工作的指导意见》内容

类别	基础类	完善类	提升类
改造目标	为满足居民安全需要和基本生活需求	为满足居民生活便利需要和改善生活需求	为丰富社区服务供给、提升居民生活品质、立足小区及周边实际条件积极推进的内容
改造范畴	市政配套基础设施改造提升以及小区内建筑物屋面、外墙、楼梯等公共部位维修等	环境及配套设施改造建设、小区内建筑节能改造、有条件的楼栋加装电梯等	公共服务设施配套建设及其智慧化改造
改造内容	• 改造提升小区内部及与小区联系的供水、排水、供电、弱电、道路、供气、供热、消防、安防、生活垃圾分类、移动通信等基础设施 • 光纤入户、架空线规整（入地）等	• 拆除违法建设 • 整治小区及周边绿化、照明等环境 • 改造或建设小区及周边适老设施、无障碍设施、停车库（场）、电动自行车及汽车充电设施、智能快件箱、智能信包箱、文化休闲设施、体育健身设施、物业用房等配套设施	• 改造或建设小区及周边的社区综合服务设施、卫生服务站等公共卫生设施、幼儿园等教育设施、界面防护等智能感知设施 • 改造或建设养老、托育、助餐、家政保洁、便民市场、便利店、邮政快递末端综合服务站等社区专项服务设施

5.3.3 再生目标细化与策略库

国务院改造指导意见的再生目标主要针对基本需求和便利需求的改造进行划分，而针对更高品质、个性化需求未做细化。为了完善改造目标层级划分，在国务院目标分类基础上，本书增添了面向高品质、个性化需求的完善+型，形成基础型、完善型、完善+型、提升型等品质提升目标体系。

其中基础型、完善型和提升型延续了国务院的改造目标与内容，而新增的完善+型主要是以更高需求为目标的绿色、生态、适老化等面向未来高品质和个性化的改造（图5-6）。

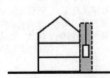
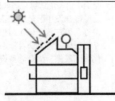
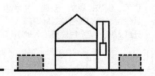

图 5-6 再生目标细化

基于再生目标的策略库——以外围护体系为例

建立系统化再生目标后,需要针对各部位要素进行改造方法的解析和筛选,形成策略方法库,为建筑再生实践提供依据。下面以外围护体系为例,具体阐述策略库的构建过程。

首先提取外围护体系的构成要素,根据功能和部位将其归纳为以下9个要素:外墙、屋顶、阳台、外窗、入口、底层架空、梯间走廊、管线和辅助构件。随后针对外围护体系各要素进行国内外改造案例收集。收集后的案例从性能(功能性、舒适性、场所性)提升角度,将改造方法划分为基础型、完善型和完善+型。其中基础型改造以修缮性再生为主,改造后的各要素性能基本达到该建筑新建时期的性能标准。完善型目标性能对标当前其他新建建筑的普遍性能,如外墙节能改造中,改造设计性能参数需要满足当前性能标准。完善+型目标性能是面向未来的更高层级的标准,更多涉及场所性品质提升、绿色建筑、适老化等改造内容,如图5-7。

由于外围护体系隶属于建筑层级,而再生目标中的提升型主要涉及小区及周边的公共设施配套,因此针对外围护体系的再生目标中,不涉及以小区周边公共设施配套改造为主的提升型目标。

图5-7 再生目标策略库

5.3.4 外围护体系多层级再生手法

1)外墙品质提升

外墙是建筑改造中最频繁的部位。外墙的基础型改造手法通常包括劣化修缮、表面清理、饰面粉刷等。完善型的常用手法有加保温层、饰面贴砖或外挂幕墙、节能粉刷、结构补强等。完善+型则有增设装饰性表皮、饰面彩绘、墙体太阳能利用、垂直绿化等改造方法。

基础型

外墙劣化修缮
主要内容包括破损修补、裂缝修缮。应采用砌块补砌、更换的方式对未涉及严重结构安全的墙体进行修补,对不再进行开裂的裂缝采用填缝封闭、配筋填缝封闭和灌浆等方法进行修补(图5-8)。

外墙表面清理
主要内容包括对外墙表面杂物进行清除、规整,更换水、暖气、电力、燃气、网络等管线系统,避免杂乱的管线对外界面造成影响并为管线提供保护,运用收纳塔罩对外界面附属构件进行整合,形成统一的立面形象,以达到美观整洁的效果(图5-9)。

外墙饰面粉刷
对外墙进行清理及破损处修缮后,应采用涂料、真石漆等饰面材料,对住宅进行立面翻新粉刷,以达到防水、防磨损、防腐蚀等目的,同时对墙体起到良好的保护作用,提高墙体的耐久性(图5-10)。

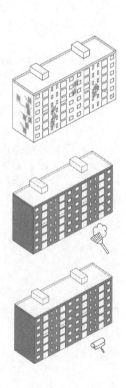

图 5-8 外墙劣化修缮 – 北京

图 5-9 外墙表面清理 – 广州

图 5-10 外墙饰面粉刷 – 广州

完善型

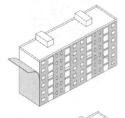

外墙加保温层

在既有住区建筑外墙的墙面、基础、地下室和底部接触土壤部分，粘贴结缘保温材料，可提升保温隔热性能，防止结构结露、结霜，延长建筑的结构寿命。

饰面贴砖或外挂幕墙

对外墙进行粘贴面材或幕墙，可起到装饰和保护、提高墙体耐酸碱性、保持立面整洁的作用。

外墙节能粉刷

进行外墙的清理修缮后，涂刷具有低辐射性能的涂料或真石漆，可增加外墙对太阳光的反射能力，从而降低室内温度（图5-11）。

外墙结构补强

通过加设构件、钢筋网砂浆等方式对建筑结构脆弱处进行精确补强，可提升整体结构强度。补强形式主要包括：钢斜撑加固、碳纤维加固、混凝土框架加固、附加钢架加固（图5-12）、预制模块加固、钢筋网砂浆面层加固等。

图 5-11 外墙节能粉刷－大连

图 5-12 外墙结构补强－东京

完善+型

外墙增设装饰性表皮

在原有外墙之外，再裹覆一层饰面材料，可使建筑形象焕然一新，与此同时也对内部空间的私密性和室内热环境起到不同程度的改善（图5-13）。

墙体太阳能利用

在日照充足的墙面安装太阳能电池板、太阳能光伏板和集热器等装置，可减少建筑能源消耗，促进建筑的低碳可持续。

墙体垂直绿化

将植物种植在与墙面连接的种植容器之中，通过绿植的蒸腾作用为墙体隔热和降温，可改善室内舒适性，与此同时，大面积绿植能够有效缓解建筑审美疲劳度。

外墙饰面彩绘

在对外墙进行清理和修补后，以美化社区环境、活跃社区氛围、丰富居民的精神文化生活为目的，可通过不同的艺术彩绘方式进行外墙面改造（图5-14）。

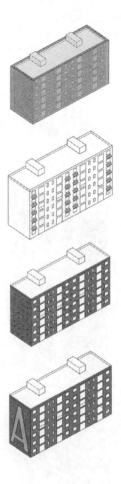

图 5-13　外墙增设装饰性表皮 - 深圳

图 5-14　外墙饰面彩绘 - 阿姆斯特丹

2)屋顶品质提升

屋顶的基础型改造手法中最为常见的有屋顶劣化修缮、屋顶防水改造等;完善型的常用手法有屋顶加保温隔热层、屋顶增设屋檐等;完善+型则有屋顶平改坡、屋顶太阳能利用、屋顶绿化、屋顶增设景观设施等更为多样化的改造手法。

基础型

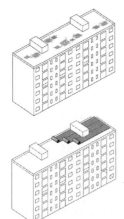

屋顶劣化修缮

对未涉及严重结构安全的屋面设施应采取破损修补,对已稳定的屋面裂缝可通过填缝封闭、灌浆等方法进行裂缝修缮,延长建筑使用寿命。

屋顶防水改造

对屋面破损区域可进行防水修缮处理,防水材料主要为卷材和涂料。改造中,可以在原防水卷材上面直接铺贴新的防水卷材,也可以将原有的防水卷材进行铲除平整后再铺贴卷材材料。

完善型

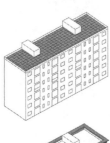

屋顶加保温隔热层

通过增大屋顶热阻系数可以达到保温隔热作用,主要在屋面涂覆冷屋面涂料,形成具有反射作用的红外反射涂层,俗称"冷屋面",可减少屋面的吸热能力,达到保温隔热的目的(图5-15)。

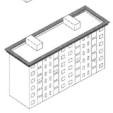

屋顶增设屋檐

屋顶女儿墙的周边可增设屋檐,有助于丰富屋顶样式、提升沿街立面形象,同时为顶层住户提供遮阳挡雨效果。增设屋檐的主要材料包括:金属板、复合材料、混凝土等(图5-16)。

图5-15 屋顶加保温隔热层-深圳　　图5-16 屋顶增设屋檐-深圳

完善+型

屋顶平改坡

将既有建筑的平屋顶改造成坡屋顶，增设出的顶层空间可作为空心保温层或阁楼，提高建筑屋面的保温隔热性能和空间使用率。值得注意的是，在开展平改坡前，需要综合评估原住栋的结构承载力，进而确定改造方案（图5-17）。

屋顶太阳能利用

在住宅的屋面安装太阳能集热发电设施，可借助太阳光转化成电力，用于电梯、走廊和楼梯照明等，减少楼栋对公共电网的依赖，达到节能减排目的。

屋顶绿化

在平屋面防水层上可覆土并种植植物，改造后可起到美化屋顶及隔热作用，因屋顶绿化对屋面的结构要求较高，需选用抗逆性强的草本植物，以适应屋面日常干旱缺水的条件。

屋顶增设景观功能设施

在屋面设计、搭建屋顶花园或屋顶洗衣房等功能设施，可形成多功能、多样化的屋顶空间，为居民提供更多公共服务和活动空间。但后期维护成本和管理成本较高（图5-18、图5-19）。

图 5-17　屋顶平改坡－天津

图 5-18　屋顶增设景观功能设施－广州

图 5-19　屋顶增设洗衣房设施－深圳

3）阳台品质提升

阳台的基础型改造方法中最为常见的有阳台劣化修缮；完善型的常用手法有封闭阳台、阳台增加雨棚等；完善+型则有阳台栏板样式改造、阳台增设花池、增设阳台等相对改造难度较大的手法。

基础型

阳台劣化修缮

针对阳台栏板破损开裂的情况，可通过填缝封闭、灌浆等方式进行修补，对锈蚀、损坏现象严重的栏杆，采用耐久性强、不易腐蚀的材料进行更换，避免产生安全隐患（图5-20）。

完善型

封闭阳台

采用半墙玻璃窗、落地玻璃窗、带护栏的玻璃窗等加装窗扇的方式，将阳台上方的空间进行封闭处理，可使原本属于半室外空间的阳台转化为完全的室内空间，一方面增加室内使用面积，另一方面改善室内的热环境（图5-21）。

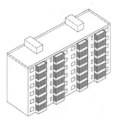

阳台增加雨篷

在阳台上部增设水平遮阳构件，可增加阳光直射下的投影面，同时减少太阳光线的直射，减少室内眩光，降低室内温度。雨篷主要材料包括：金属材料、混凝土材质、防水布材料（图5-22）。

图5-20　阳台劣化修缮－东京

图5-21　封闭阳台－杭州

图5-22　阳台增加雨篷－杭州

完善+型

阳台栏板样式改造

将原阳台栏板拆除，用预制栏板进行重建。预制栏板材材料主要包括：钢筋混凝土、金属材料、钢化夹胶玻璃等（图5-23）。

阳台增设花池

将种植花草的浅槽安装在阳台栏板上，包括草坪花池、花卉花池、综合花池，便于居民种植花草等植物，此外，不同的植物也丰富了建筑立面（图5-24）。

增设阳台

在原有户内开间的基础上向外扩出一个开间、增加阳台，可扩大室内面积。具体方法可以通过砌筑、或者外挂钢结构阳台（图5-25）实现。

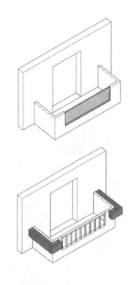

图5-23 阳台栏板样式改造－哥德堡

图5-24 阳台增设花池－奥斯陆

图5-25 增设阳台－哥德堡

4）外窗品质提升

外窗的基础型改造方法有外窗劣化修缮；完善型的常用手法有更换节能门窗、外窗增设遮阳构件等；完善+型则包含了样式优化等。

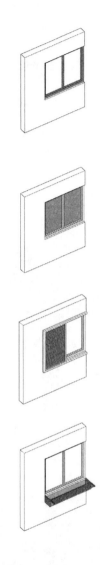

基础型

外窗劣化修缮
对节能型门窗的劣化部分构件或零件应进行更换、加固、加密处理，必要时可优化窗扇的开启方式。

完善型

更换节能门窗
将破损、老旧的外窗应进行拆除，并统一更换成具有节能效果的玻璃材料，以减少室内外热交换，主要玻璃材料包括：吸热玻璃、热反射玻璃、低辐射玻璃、中空玻璃、真空玻璃（图5-26）。

外窗增设遮阳构件
门窗遮阳技术方式种类繁多，在既有住区建筑改造中适宜采用简便、可变动、对既有结构影响小的改造方式，同时考虑其可调节性，以便适应不同的气候条件（图5-27）。

完善+型

样式优化
根据建筑空间及立面效果，可对外窗样式进行重新设计，改变外窗形式及大小，提升室内的舒适度与外立面的美观性（图5-28）。

图5-26 更换节能门窗-哥德堡

图5-27 外窗增设遮阳构件-杭州

图5-28 外窗样式优化-北京

第5章 再生设计 121

5）其他部位的品质提升

入口　完善型

入口无障碍设施

在单元入口空间增设无障碍坡道、无障碍扶手及轮椅消解器等设备，可充分保障残疾人、老年人等特殊群体的日常通行需求（图5-29）。

入口改造雨篷

在入口上方增设雨篷，可满足避雨或防高空坠落。雨篷可采用混凝土、钢结构、钢化玻璃、树脂玻璃等材料（图5-30、图5-31）。

入口增设信报箱

通过增设门禁、对讲机、信报箱、单元标示等基础性设施，可方便居民使用，此外，可结合个性化设计增强单元入口标识性（图5-32）。

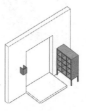

入口增设门厅

在空间条件允许的情况下，可通过增设门厅，将过渡空间外延，有效改善冬季冷风直灌室内公共空间的情况，同时，门厅的增设可以加强入户单元的识别性（图5-33、图5-34）。

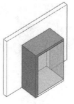

图5-29　入口无障碍设施－北京

图5-30　入口改造雨篷－东京

图5-31　入口改造雨篷－哥德堡

图5-32　入口增设信报箱－北京

图5-33　入口增设门厅－阿姆斯特丹

图5-34　入口增设门厅－阿姆斯特丹

底层架空　完善型

底层架空空间布局优化
该手法主要通过内外部墙体的消除或优化,增强底层空间开放性,易于操作,不破坏原有结构(图5-35)。

底层架空空间复合利用
在闲置的架空空间置入一些功能,可拓展功能使用空间,实现架空空间的多功能、多业态复合利用(图5-36)。

梯间　完善型

梯间完善消防设施
对梯间走廊等空间的消防设施进行升级和完善,可满足消防应急需要,保障生命安全(图5-37)。

封闭梯间走廊
将原本开敞外廊和楼梯间封闭成室内空间,可改善梯间走廊的舒适度,选用的墙体和外窗要求具有较好的保温隔热性能(图5-38)。

梯间　完善+型

梯间增设适老化设施
在梯间中可增设扶手、折叠座椅等适老化设施,有条件的可以加装梯间电梯,满足老人上下楼的便利需要(图5-39)。

图 5-35　底层架空空间布局优化 - 东京

图 5-36　底层空间复合利用 - 阿姆斯特丹

图 5-37　梯间完善消防设施 - 深圳

图 5-38　梯间增设电梯 - 杭州

图 5-39　梯间增设适老化设施 - 北京

5.4 绿色化再生

建筑再生问题涵盖的范围广泛，不仅涉及居住环境硬件条件的改善，而且包含住区生活场景和空间特质的传承，以及多要素、整体性的品质提升。在我国住宅存量更新由单一走向多元、由节能走向低碳的趋势中，多要素品质提升带来的建材生产、建造与拆除同样会造成建筑碳排放量的增长，建筑品质提升追求的提高与建筑减碳要求相互制约，如何平衡两者是既有建筑绿色改造的前提。建筑承载着为人们提供更好的居住环境和公共服务的功能，是我国碳排放的主要行业之一。建设和运营相关的碳排放约占全社会碳排放总量的42%。通过工程建设标准引领建筑业高质量达到峰值，提前实现碳中和，是实施"双碳"目标的重要措施之一。

5.4.1 标准发展

国际上最早开始建设绿色建筑评价体系为英国BREEAM，此外当前较成熟体系还有美国LEED、德国DGNB、日本CASBEE、新加坡GREEN MARK等（表5-3）。

《温室气体核算体系》（GHG Protocol）与ISO14064-1-2018《温室气体-第1部分：组织层面温室气体排放和减排进行量化和报告的规范》通过对碳排放源进行分类，提出碳排放计算范围应包括直接碳排放、间接碳排放和其他间接碳排放。美国联邦政府和地方政府，以及建筑2030（Architecture 2030）、国际未来生活研究院（ILFI）、美国绿色建筑委员会（USGBC）等社会组织制定、发布了国家、地方和社团等各级低碳建筑设计、核算和评价标准，但这些标准并未统一建筑碳排放计算的范围。英国政府发布了《可持续住宅标准》，首次对"零碳住宅"给出了定义："零碳住宅"的所有能源使用（包括供暖、照明、热水和其他用能）所产生的净二氧化碳排放量为零（涵盖炊事、家用电器等能耗的碳排放量）。日本及欧洲其他国家也针对建筑碳排放制定了系列政策、标准，除了运行碳排放外，还尝试积极推动建筑全寿命期中施工、建材等阶段灰色能源的降碳。

2006年我国发布第一版《绿色建筑评价标准》GB／T 50378-2006以来，绿色建筑的标准化建设取得了长足的进步。2012年5月，由重庆大学和重庆勘察设计协会编制的国内首个《低碳建筑评价标准》DBJ50T-139-2012正式实施。该标准分别从低碳规划、低碳设计、低碳施工、低碳运营和低碳资源化等五个方面对住宅建筑和公共建筑低碳化进行评价。2014年12月，中国工程建设协会标准《建筑碳排放计量标准》CECS 374-2014开始实施。2019年第三版

《绿色建筑评价标准》GB/T 50378-2019与《建筑碳排放计算标准》GB/T 51366-2019实施，该标准适用于新建、改建和扩建的民用建筑碳排放量总量计算。通过规范建筑碳排放计算方法，引导建筑物在设计阶段考虑其全寿命期节能节碳，增强建筑及建材企业对碳排放核算、报送、核查的意识，为建筑物碳排放交易、碳税、碳配额、碳足迹的实施等工作提供技术支撑。

1）英国 BREEAM 体系

英国早在20世纪90年代便已探索和制订了世界第一套绿色建筑评估体系-英国BREEAM（Building Research Establishment Environmental Assessment Method），它包含了7种类型的评价体系，包括Communities（社区）、Non Domestic（非住宅）、Domestic（住宅）、In-Use（运营）、Infrastructure（基础设施）、Domestic Refurbishment（住宅改造）以及Non Domestic Refurbishment（非住宅改造）。

2）德国 DGNB 体系

进入21世纪以来，德国也在建筑碳排放方面做了大量的研究与实践。德国可持续建筑协会也研究并提出了建筑碳排放度量指标，从建筑材料生产、建造、使用、拆除及重新利用等方面分别对碳排放量进行计算和汇总，形成了一套较为系统且可操作的计算方法。其主要表现在建筑的材料生产与建造、建筑运营期间能耗、维护与更新、拆除和重新利用这四大方面。

表 5-3 建筑碳排的国际研究

国家	标准	使用
英国	《居住建筑能效标识标准评估程序》（The Government's Standard Assessment Procedure for Energy Rating of Dwellings，SAP）	关于建筑能效的计算结果由4个值进行表示：单位建筑面积能耗（Energy Performance per Unit FloorArea）、能源消费分数（Energy Cost Rating，SAP打分）、基于碳排放的环境影响分数（Environmental Impact Rating Based on CO_2 Emission，EI）、碳排放值（Dwelling CO_2 Emission Rate，DER）
美国	碳排放计算工具（ASHRAE Special Project：Carbon Emissions CalculationTool）	用以计算、表达、比较建筑用能、室内空气品质、声、光等因素，从而计算建筑物的碳排放总量
德国	DGNB可持续建筑评估技术体系	以每年单位建筑面积的碳排放为计算单位，提出了建筑碳排放完整明确的计算方法，建立了建材和建筑设备碳排放的数据库，将建筑全生命周期划分为建材生产与建筑建造、建筑使用、建筑维护与更新、建筑拆除和重新利用4大阶段
日本	建筑物综合环境性能评价体系CASBEE	建筑的环境效率BEE在4星级以上，全生命周期的碳排放在3星级以上

3）美国 LEED 体系

美国的LEED体系是国内比较常见的国外绿色建筑评价体系，在其最新的V4版本中，也添加了与LCA相关的计算条文，旨在减少建筑全生命周期影响（Building lifecycle impact reduction）。

4）澳洲 Green Star-EB 体系

由澳大利亚绿色建筑委员会2009年对外正式发布的Green Star-EB，也是提出将建筑的碳排放纳入到评价体系中，主要用于评价既有办公建筑运行的环境性能。通过对比既有建筑和新建建筑的环境性能，可找到既有办公建筑在运行过程中对环境的负面影响，降低建筑的运行能耗和碳排放。

5）日本 CASBEE 体系

2001年日本政府和科研机构发布了针对建筑物的综合环境评价系统CASBEE，也是将碳排放作为建筑评价指标的绿色建筑评价体系。该体系重点评估建筑物对周围环境产生的负荷影响，以建筑环境效率BEE（Eco-efficiency）作为建筑物的评估基准，每个纳入标准的参数均对应相应的权重系数，BEE根据权重系数累计计算出来。同时针对全球变暖问题，CASBEE增加了全生命周期CO_2排放的计算，包括建设过程、运用阶段，以及修缮、更新和解体过程中的CO_2排放。

5.4.2　碳排放阶段

全生命周期理论可以通俗地被理解为某个产品或过程"从摇篮到坟墓"的整个过程，应用十分广泛，频繁出现在政治、环境、经济、社会和技术等多个领域。针对具体产品进行分析，全生命周期是指产品从原材料开始，经过加工、设计制造、成品储存运输、销售、售后服务，一直持续到后续的回收处理。根据《建筑碳排放计算标准》GB/T 51366-2019，建筑全生命周期可划分为建筑材料生产及运输、建造及拆除、建筑运行三个阶段。

1）综合效益

实现各建筑单体的排放清零[①]，需要城区到社区到建筑尺度内的多行业统筹推进（图5-40）。并且从社会效益、环境效益、经济效益等多角度进行评价。我国已制定单体建筑全生命周期碳排放计算标

① 我国城市建筑运行的人均能耗目前仅为美国的1/5~1/4，单位面积的运行能耗也仅为美国的约40%。这样大的差别主要是由于不同的室内环境营造理念所造成的。我国传统的建筑使用习惯是"部分时间、部分空间"的室内环境营造模式。也就是有人的房间开启照明、空调和其他需要的用能设备，而无人时关闭一切用能设备。这就不同于美国的"全时间、全空间"，无论有人与否，室内环境在全天24h内都维持于要求的状态。这种方式无疑会给使用者带来很大的便捷，但由于每个建筑空间的实际使用率仅为10%~60%，全天候的室内环境营造就导致了对能源的巨大需求，为建筑运行实现零碳带来极大的困难。

准,但"双碳"背景下的建筑碳排放计算边界,特别是针对园区尺度、数据采集标准格式及标准方法等尚不明确。在设计和营造中,通过被动化技术,使建筑对机械系统提供的冷、热、光的需求降到最小,再通过供能系统的最优化技术,使其供能效率得到最大的提高。在此基础上,发展储能和灵活用能的技术与措施,可以逐步逼近和实现未来的碳中和目标。

要实现建筑设备的"需求侧响应"模式运行,也要在不影响使用者基本需求的前提下,根据供给侧可再生电力的变化适当调整室内用电状况,这也会在一定程度上影响使用者的舒适性和所接受服务的便捷性。但这种较小的不适与不便换来的是避免使用化石能源,从而实现零碳。这就是在零碳和高标准享受之间的平衡。实际上,随着零碳理念的深入人心,发达国家也开始反思,开始倡导节约低碳的运行模式。

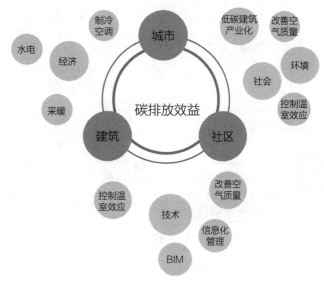

图5-40 碳排放综合效益图

减碳路线:
- 按地区协同控制建筑面积和建筑能耗;
- 优化能源结构,实现化石能源向清洁能源转型;
- 实施更严格的建筑节能设计标准以降低建筑能耗;
- 为建筑节能减排指定配套法规和激励措施。

2）建筑生命周期

建筑生命周期通常包括建筑物化阶段、使用阶段以及生命终止阶段。从微观视角，以单体住宅和办公建筑为例，建筑物化阶段碳排放分别占其生命周期碳排放的23%和24%。建筑生命周期碳排放计算中，建造阶段的碳排放计算与建造方式最为密切。

建筑建造及拆除阶段的碳排放计算需计入施工场地区域内的机械设备、小型机具、临时设施等使用过程中消耗的能源产生的碳排放。建造阶段碳排放计算时间边界从项目开工起至项目竣工验收止，拆除阶段碳排放计算时间边界从拆除起至拆解并从楼层运出止（图5-41）。

建筑运行阶段的碳排放计算可分为暖通空调系统的能量消耗、生活热水系统的能量消耗、照明系统的能量消耗、可再生能源系统的能量消耗四部分。

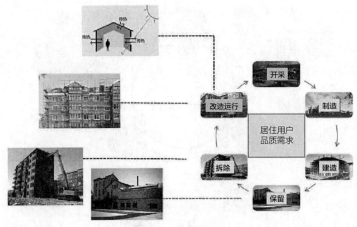

图 5-41　改造耗材碳排放

碳排放计算方法

根据计算思路和范围，建筑碳排放计算的基本方法分为自上而下和自下而上两种方法。自上而下方法是先估算总体建筑能耗与碳排放，再进行时间和空间的降尺度分析，计算模型包括LCA、IOA、RE-BUILDS、Scout、BLUES、ELENA等，主要适用于建筑业宏观层面碳排放的核算；自下而上方法是先计算单个建筑的逐时能耗，再放大到区域尺度进行碳排放计算，计算模型包括Invert/EE-Lab、ECCABS、RE-BUILDS、CoreBee、Scout、BLUES等，主要适用于建筑单体的碳排放计算和核查。模型的输入参数主要通过排放因子法、过程分析法和投入产出法获取。

5.4.3 建筑再生碳排放

民用建筑碳排放，包括直接碳排放、间接碳排放和隐性碳排放。其中隐性碳排放是指建筑材料生产、建设和拆除过程中产生的碳排放。直接碳排放来自于建筑内部用于烹饪、生活热水和壁挂炉的天然气和散煤的使用，间接碳排放是外部输入到建筑的电和热所包含的碳排放。建筑工程建设标准都围绕着上述三个方面的节能减排目标而展开（图5-42）。

如何才能降低建筑碳排放呢？首先，从建造上要更多地使用低碳材料，如木材、生土、各种循环使用的钢材等，体现建筑本体和建造过程的低碳。此外，建筑运行过程中也要实现低碳甚至零碳，这除了需要做好精细化设计、使建筑的空调供热通风能耗达到最小，还要更多地使用如太阳能光伏电、风电、生物质能等新型低碳能源。因此，面向住区"双碳"的建筑绿色改造碳排放设计中，改造耗材的生产和运输导致的碳排放、改造设计的建筑性能导致的碳排放成为建筑绿色化再生最主要的两大部分。

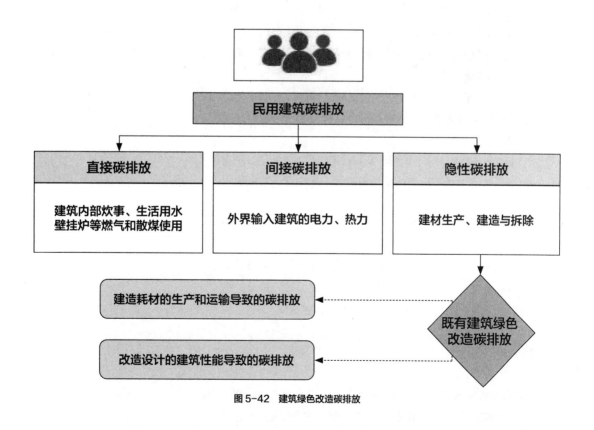

图5-42　建筑绿色改造碳排放

1）设计性能改造碳排放

从宏观上，设计理念应首先强调"节能"之于实现绿色低碳的重大意义。在实践层面，低碳建筑更取决于设计阶段采用的各类方法、技术等能否通过精细管理在后续施工及运营阶段实现及有效为终端用户认可接受，从而起到通过设计引导、改变人的生活、行为方式来促进低碳减排目标的意义。降低温室气体排放最具成本效益的五项中，建筑节能占四项，分别是建筑物保温隔热系统、照明系统、空调系统、热水系统。要从设计层面就上述几项进行优化，主要可分为提升效能标准及技术性减排两大方向，改善措施包含：改善建筑外围护结构保温性能、提升门窗密闭性；注重自然采光和室内设计色彩运用、应用节能型灯具并进行合理灯光设计；应用节能型电器终端并进行智能化控制；关注自然通风等被动式设计、关注辐射供冷通风、太阳能热水应用等新型技术；大力采用含创新技术的绿色固碳减碳建材等。

绿色再生设计技术要求

- 民用建筑改造涉及节能要求时，应同期进行建筑节能改造。节能改造涉及抗震、结构、防火等安全时，节能改造前应进行安全性能评估。
- 外墙采用可粘结工艺的外保温改造方案时，其基墙墙面的性能应满足保温系统的要求。
- 既有建筑节能改造应先进行节能诊断，根据节能诊断结果，制定节能改造方案。
- 加装外遮阳时，应对原结构的安全性进行复核、验算。当结构安全不能满足要求时，应对其进行结构加固或采取其他遮阳措施。
- 节能改造方案应明确节能指标及其检测与验收的方法。既有建筑节能改造设计应设置能量计量装置，并应满足节能验收的要求。
- 外围护结构进行节能改造时，应配套进行相关的防水、防护设计。
- 建筑外窗、透光幕墙的节能诊断应包括下列内容：严寒和寒冷地区，外窗、透光幕墙的传热系数；外窗、透光幕墙的气密性；除北向外，外窗、透光幕墙的太阳得热系数。

2）改造耗材碳排放

改变既有建筑改造和升级换代模式，由大拆大建改为维修和改造，可以大幅度降低建材的用量，从而减少建材生产过程的碳排放。

建筑产业应实行转型,从造新房转为修旧房。这一转型将大大减少房屋建设对钢铁、水泥等建材的大量需求,建筑材料的选择是拆除阶段降低生态足迹的核心因素,通过有效减少施工阶段和运营阶段的生态足迹来减少总生态足迹。

目前的建筑业还在很大程度上依赖水泥。而水泥生产过程又要排放大量二氧化碳[1][2]。这一问题的彻底解决需要改变目前的房屋建造方式和建材形式。绿色建筑应减少应用在生产和运输过程中可产生直接、间接碳排放的材料,如钢材、水泥、玻璃、建筑陶瓷等,积极尝试创新的绿色低碳、固碳建材,如镁质水泥、煅烧黏土-石灰石复合胶凝材料(LC3)、保温透气的工业大麻固碳混凝土墙体等绿色建材(表5-4)。同时,通过设计手法优化、节约用材,可减少采用产品或原材料生产过程中大量耗能的物料从而达到"低碳减排"的目的。

建材生产及运输阶段的碳排放计算

建材碳排放计算可采用清单法,根据工程设计图纸等资料统计各类主要建材的消耗量、相应的建材运输方式和平均运输距离,并考虑钢材、钢筋、木材、玻璃等可再循环材料对碳减排的作用。

上文围绕建筑绿色化再生的目标,从技术的角度探讨了建筑业的发展路径。按照这一路径实现碳中和的最终目标,不仅需要技术革命,更需要在建筑与使用者关系的基本问题上坚持生态文明的理念,从人与自然的关系和可持续发展的角度确定建筑环境建设方式的基本理念。

工业革命以来形成的工业文明的本质是充分利用一切自然资源来满足人类的需要。工业文明理念推动了人类社会的大发展。然而,人类的欲望是无止境的,有限的自然资源满足不了无尽的需求,这是造成资源枯竭、环境恶化、气候多年变暖的根本原因。生态文明发展观是追求人类发展与自然生态环境的平衡,在不改变自然生态环境的前提下,实现人类的可持续发展。考虑到土地资源、碳排放空间等自然资源的约束,建筑规模的无限扩张存在一个上限。严格控制建筑总量,在科学确定的总规模下合理规划各类建筑规模,避免失控扩张,是生态文明理念的基本原则和要求,这也是未来实现建筑绿色化再生的基础。

---

[1] 碳排放因子(Carbon Emission Factor)是指消耗单位质量物质伴随的温室气体的生成量,是表征某种物质温室气体排放特征的重要参数。

[2] 我国目前建筑运行每年碳排放20亿t以上的二氧化碳,建筑建造每年间接地导致钢铁建材等制造领域的16亿~18亿t的二氧化碳排放。

建筑常用材料碳排放因子

表5-4 建筑常见材料碳排放因子

建筑材料名称	数据来源	排放系数（t/t）	
水泥	GHG Protocol（温室气体盘查议定书）	波特兰水泥	0.502
		混合水泥	0.396
		砌筑水泥	0.396
	IPCC（联合国政府间气候变化专门委员会）	熟料	0.507
		波特兰水泥	4.985
	《水泥行业二氧化碳减排议定书水泥行业二氧化碳排放统计与报告标准》（世界可持续发展工商理事会）	0.525（熟料）	
	绿色奥运建筑研究课题组《绿色奥运建筑评估体系》	0.8	
	《水泥生产企业CO_2排放量的计算》（中国建筑材料科学研总院）	0.65338	
		0.83634（熟料）	
钢铁	IPCC（联合国政府间气候变化专门委员会）	1.06	
	GHG Protocol（温室气体盘查议定书）	1.220	
	绿色奥运建筑研究课题组《绿色奥运建筑评估体系》	2.0	
混凝土	水中和《谈废旧混凝土的资源化》	260.2kg/m³	
混凝土砌块	绿色奥运建筑研究课题组《绿色奥运建筑评估体系》	0.12	
实心黏土砖	绿色奥运建筑研究课题组《绿色奥运建筑评估体系》	0.2	
木材制品	绿色奥运建筑研究课题组《绿色奥运建筑评估体系》	0.2	
石灰	IPCC（联合国政府间气候变化专门委员会）	高钙石灰	0.75
		含白云石石灰	0.86或0.77
		水硬石灰	0.59
	GHG Protocol（温室气体盘查议定书）	高钙石灰	0.73005
		白云石质石灰	0.77605
		水硬性石灰	0.5925
铅	IPCC（联合国政府间气候变化专门委员会）	0.52	
铝	IPCC（联合国政府间气候变化专门委员会）	预焙7技术	1.6
		Soderberg 技术	1.7
	《全球气候变化和温室气体清单编制方法》	1.22	
陶瓷	陈庆文《建筑陶瓷的生命周期评价》	16.635kg/m²	
	绿色奥运建筑研究课题组《绿色奥运建筑评估体系》	1.4	
玻璃	绿色奥运建筑研究课题组《绿色奥运建筑评估体系》	1.4	

资料来源：参考文献[20]

建筑绿色化再生示范项目案例

该案例是深圳市建设工程监督和检验实验业务楼项目,深圳市建设工程监理实验商务楼,南楼为框架结构,建筑面积3114m²,1991年竣工,后改造为深圳市住房和建设局办公楼。经过20多年的使用,原建筑年久失修,已难以满足现代办公的需要。业主要求绿色装修。改造后,该项目将用作政府办公楼。改造工程包括主体结构加固工程、防水防白蚁工程、给排水工程、消防整改工程、通风空调工程、弱电智能化工程、园林绿化工程、燃气工程等(图5-43、图5-44)。

绿色为主用"被动减碳与主动减碳相辅相成"的设计策略增加了保温,外墙采用新涂料,增加了预制遮阳系统,西墙采用了综合垂直绿化,原有分体式空调改为VRV、VRF空调系统,增加了光伏系统补充能量,照明系统采用了导光照明系统(图5-45、图5-46)。

在绿色低碳方面,根据能耗目标进行了参数化设计与分析,并对围护结构进行了详细深入的计算与选择。在实现节能目标的前提下,最大限度地考虑经济性。外墙选用30毫米厚的聚苯乙烯内保温,可以降低能耗,同时具有更好的经济性。外窗为PVC塑窗+ low-E中空玻璃。改造前,单位面积总用电量为81.7kW·h/(m²·A)(含采暖空调、照明、生活热水、办公电器),改造后可降低采暖、空调、照明能耗,采用光伏、空气源热泵等可再生能源系统。采用热-光-风耦合的数值模拟方法,为被动设计提供了依据。南向遮阳采用铝合金外凸包层形成遮阳外窗框,并通过窗框造型形成顶部、左右两侧的遮阳。

图5-43 再生前屋顶

图5-44 再生后屋顶光伏系统

图5-45 立面一体化光伏系统

图5-46 垂直绿化

本章思考题

1. 再生设计与新建设计有哪些不同？请举例说明。
2. 再生设计分为哪些阶段？请举例说明。
3. 再生设计手法有哪些？请举例说明。
4. 建筑全生命周期分为哪几个阶段？
5. 建筑减碳设计综合效益涵盖哪些方面？请举例说明。

第 6 章

多样化再生
Diversified Renovation

01 阶段性大规模住区再生　Backa Rod住区·瑞典哥德堡
02 综合型大规模住区再生　Bijlmermeer住区·荷兰阿姆斯特丹
03 区域活化型大规模住区再生　多摩新城·日本东京
04 邻里更新型大规模住区再生　大巴窑Lorong8住区·新加坡
05 老旧小区综合整治　毛纺北小区·中国北京
06 装配式内装改造　清华大学公寓样板2号住宅·中国北京
07 办公建筑改造社区养老中心　亚运村首开寸草学知园社区养老中心·中国北京
08 城中村变身人才社区　水围柠盟人才公寓·中国深圳
09 重构场所秩序　甘井子体育场改扩建·中国大连
10 滨水沿岸景观环境提升　坪山阳台·中国深圳
11 遗产建筑再利用　大鹏所城粮仓改造·中国深圳
12 适老化改造—加装电梯　老旧小区加装电梯的四种模式
13 海绵技术应用于户外环境提升　天健花园海绵化景观提升·中国深圳
14 公共艺术介入提升社区环境品质　福寿社区户外环境提升·中国大连

01 阶段性大规模住区再生

Backa Rod 住区·瑞典哥德堡

大规模既有住区的再生，通常很难一次性全部完成。该案例中居住区的再生活动针对不同的对象分为三个项目先后进行，持续20余年更新了50%的住宅，并且在第三个阶段的再生项目完成之时，第一阶段完成的项目已经又经过了十几年的使用，面临着再次更新的需求。因此规模较大的住区在进行再生时往往是阶段性和持续性的，需要长久的计划和实施。

项目名称： Backa Rod 住区再生
项目位置： 瑞典哥德堡
项目所属： Poseidon 公共房产公司
竣工时间： 1969—1972 年
再生时间： 2001—
建筑功能： 公共住宅
居住户数： 1600 户
再生设计： 不同阶段由不同设计师参与
照片拍摄时间： 2015

改造前

改造前

改造后

改造后

再生概况

Backa rod居住区位于瑞典哥德堡市，1969—1972年修建，整个区域有约1600户住宅，为公共房产公司所有，是哥德堡最大的"百万住宅计划"项目之一。该区域的更新活动开始于2001年，至今为止完成三个项目的更新，更新活动还将持续更长的时间。更新主要包括：

①：室内设备提升，户外环境改善，辅助功能用房的增加等，侧重提升住区整体吸引力；
②：对几栋4层高的塔式住宅进行增加2层的改造，并且要求节能60%；
③：回归到侧重提升住区吸引力的改造，进行室内设备改善、住宅外立面和户外环境改造。

户外环境及设施改善：增加洗衣房、垃圾房、自行车房、游乐设施、绿化景观等。

外观改造

居住区第一期和第三期项目进行的住宅提升中，并没有特别关注节能改造，多是针对建筑劣化进行外立面、阳台等的改造。原来的建筑立面太单调雷同，因此在设计中关注区块的"识别性"。

室内设备更新

室内设备更新主要针对厨卫空间，由于是租赁式住宅，因此同一批更新的厨卫设备配置标准是统一的。建筑师会根据设备的使用情况判断更新的程度，Backa Rod居住区建造时的设备已经明显不能满足目前人们的生活使用，因此全部做了更换。

室外环境和设施

在三个阶段的项目中，均进行了室外环境和设施的改善。其中包括绿化环境、儿童游戏场所、垃圾分类站、自行车停车、公共洗衣房、交谈室、道路设施等。公共空间和外部空间的内容和形式的丰富性，极大地增加了居民的社区活动和归属感，也直观地提升了整个居住区的形象。

节能改造

第二期的更新工程对居住区内6栋点式住宅进行了全面彻底的节能改造，由于改造后立面为红色，因此被称为"红房子"。按照新建住宅节能标准，增加保温层，室内全部进行了更新，改造后住宅节能60%。另外为了增加效益，增建两层扩大面积。

02 综合型大规模住区再生

Bijlmermeer 住区 · 荷兰阿姆斯特丹

欧洲"二战"后建造的大规模居住区，在进入1980年代以后逐渐因为千篇一律的外观和户型设计，以及超大尺度的规模成为人们批判的对象。该案例的设计秉承了国际现代建筑协会以及柯布西耶"未来城市"的构想，居住区包含了12500户住宅，31个街区，每个街区有300~500套住宅单元，10层高，每栋楼的长度达到200~300m，蜂窝六边形平面，并且实现了人车分流。

该住区在1970年代空置率达到30%，犯罪、失业、非法移民等问题严重，到了1980年代末期，区域内失业率达到50%，居住环境恶劣，成为荷兰最著名的衰败地区之一。1990年代当地政府针对整个区域开始制定区域更新计划，尤其是1992年以色列航班坠毁于该居住区，空难加快了实施更新的步伐。Bijlmermeer居住区于1995年至2005年进行了综合型的全面再生。

项目名称：Bijlmermeer住区再生
项目位置：荷兰阿姆斯特丹
项目所属：市政府
竣工时间：1966—1975年
再生时间：1995—2005年
建筑功能：公共住宅
居住户数：12500户
项目获奖：Kleiburg公寓获2017年密斯奖
照片拍摄时间：2019

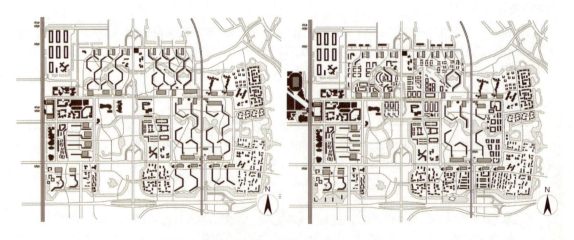

Bijlmermeer 总平面图：左，1992年； 右，2010年（规划）
（资料来源：参考文献[21]）

Bijlmermeer 建成初期
（资料来源：参考文献[21]）

Bijlmermeer 1970 年代
（资料来源：POETER BOERSMA PHOTOGRAPHY）

Bijlmermeer 住区主要再生内容

对象	再生前的问题	再生内容
环境再生	• 居住区尺度过大，缺乏人文关怀 • 住宅楼体过长，形象单一，环境局促	• 对部分区域的住宅进行了拆除，增加环境沟通 • 新建了部分低层住宅，形成低、多、高不同楼层混合的区域 • 对部分楼体过长的住宅进行了局部拆除，减少和减小住宅体量，增加外部环境的灵活性
住宅再生	• 住宅走廊冗长，入口少，居住面积较小 • 公寓底层仓库造成无法观察外部情况，安全感低	• 新设了门廊、交通走廊，对住宅入口、阳台等节点部位进行了特殊的设计，从形象以及功能使用上都进行了提升 • 部分楼栋增加了太阳能技术，新材料的应用，也从外观上打破了原有住宅衰败的形象
户型再生	• 户型面积较小	• 通过合并户型等方法，改变了原有住宅户型，增加了住宅类型和户内面积

再生后住区内的绿地

再生后住区商业街

再生后住宅外挂电梯

第 6 章　多样化再生　139

03 区域活化型大规模住区再生

多摩新城·日本东京

大规模的住区衰败通常影响一个区域的整体活力。多摩新城是20世纪60年代为了缓解东京都的住宅紧张而修建的，位于东京西南的郊区，总面积2884hm^2，公团住宅（租赁型）47栋，总户数达1254户。1980年代"泡沫经济"破裂以后，日本经济衰退，多摩新城周边发展停滞。再加上高龄化和少子化的社会影响，整个区域住宅空置率提高，衰退严重。2000年以后，在日本"都市再生"政策的背景下，进行了再开发，2006年正式开工。

多摩新城在再生过程中，UR都市机构与当地的高校建立长期的合作关系，跟踪调查居民生活状况，逐步改善居住区条件，其再生模式影响到整个区域的发展。

项目名称：多摩新城住区再生
项目位置：日本东京
项目所属：UR都市机构
竣工时间：1960s
再生时间：2006—
建筑功能：公共住宅
居住户数：公团住宅47栋，1254户
照片拍摄时间：2016

户外环境改善　　　　　　　　增加环境设施

建筑加固

旧住宅建筑不符合新的抗震规范要求,因此需对建筑进行抗震加固改造。主要的加固方式有:住宅整体外部加支撑、阳台部位加支撑、窗户部位加支撑等。在建筑加固的过程中,为了降低成本,多在经过计算后采用局部加固的方法。另外,采用住宅外部增加钢构支撑,也是为了不影响居民的正常生活。

建筑增建

日本家庭人口数增加,在对部分建筑的改造中,通过增建增加室内面积。但是这种现象随着老龄化和少子化的社会影响,多数家庭在孩子搬离之后,会出现房间数太多、空置的问题。

户外环境提升

一方面是对绿化植被等空间的改善,另一方面是增加回收、活动场地、设施以及居民种植场地等,户外环境的提升能够直观地改善住区形象,增加社区活力。

建筑用途转换

住区内人口和生活方式的转变,导致部分建筑不再使用,例如少子化之后,小学建筑废弃等,再生过程中对这一部分建筑功能重新进行了开发,主要是针对老龄化的问题,建立老年活动中心、老年服务中心等。

抗震加固的几种方式

增建面积

增设老年活动中心

04 邻里更新型大规模住区再生

大巴窑Lorong8住区·新加坡

新加坡大巴窑（Toa Payoh）的建设开始于1965年，是由建屋发展局全面规划和开发的第一个目标人口为18万的市镇。规划采用了环路系统，包括工厂、商店、公园和游乐场等，让居民可以居住、工作和娱乐。邻里改造的大巴窑Lorong 8地区211~224住栋位于大巴窑地区的东北部，于2017年列入邻里更新计划，其目标是重组户外空间，营造社区活力，使其成为适应当代新公共生活的空间。

项目名称：大巴窑Lorong8住区再生
项目位置：新加坡
实施内容：邻里更新计划
建筑功能：公共住房
地上建筑：14栋
结构形式：框架结构
建造时间：2017
资料提供：惹兰巴刹市镇理事会
照片拍摄时间：2019

再生概况

大巴窑的Lorong 8区域经历了长达一年多的改造，主要包含了四个部分：

- 活动场地规划：减少不可进入型场地、增加多用途游乐场地、增加慢跑步道；
- 入口区域改造：入口遮蔽物清理、设置入口标识、入口区域休息空间设计；
- 人车交通组织：人行道路及入口分流、重新划分增设停车位；
- 公共设施更新：增加有盖连廊、增加落客门廊、全社区无障碍通道、老旧设施更替。

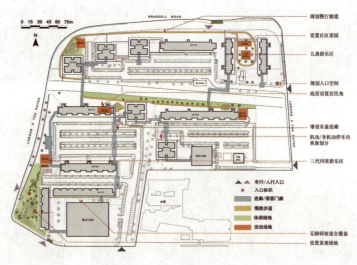

改造规划示意

改造后实景

规划活动场地

将原本预留的排水沟附近的线性空间，改造为慢跑步道，贯穿了住区外围，并保留了住区外靠近城市主干道的灌木和乔木，起到了隔绝外部主干道噪声以及保证住区私密性的作用。

入口区域改造

入口区域的设计强调了可识别性，在靠近城市交通节点的位置设置邻里入口，拆除原有的入口遮蔽物，梳理植物群落，增加指示标牌，并在入口区域设置了休闲座椅，提高了居民的通行度。

人行交通流线的组织

住栋增设落客门廊，并在楼栋之间、住栋与城市公共交通站点之间加设有盖连廊，充分考虑了当地炎热多雨的气候条件，保证了居民的户外活动，也增加了住栋之间的联系。

底层空间的更新

将原有的底层空间加以粉刷，并增加居民角，设施舒适座椅替换原有的老旧石凳。通过重新梳理的底层空间，增加了户外空间的连通性。

05 老旧小区综合整治

毛纺北小区 · 中国北京

老旧小区是我国既有建筑改造的主要对象，老旧小区综合整治也是我国各地比较广泛展开的老旧小区改造活动。大多数由政府主导，财政拨款进行改造。

由于我国住宅产权私有制的特点，在以政府为主导的老旧小区综合整治中，主要的改造部位集中于公共部位，例如建筑外立面、走廊、入口、门厅、小区公共环境、停车等。

项目名称：毛纺北小区综合整治
项目位置：中国北京
建造年代：1992
占地面积：5.6万m^2
建筑面积：6.4万m^2
楼栋数量：9栋
常住人口：约900户
改造时间：2017
竣工时间：2018
投资模式：政府财政投入
照片拍摄时间：2019

再生概况

毛纺北小区采用外挂附着的方式为8栋6层住宅楼加装54部电梯。同时在小区内建设3座3层立体机械车库，可以新增车位近100个。同时，小区内原有配套用房欣德公寓改造为面向老年住户的老年服务驿站，使老年住户得到更为优质的生活及文化娱乐服务保障。

改造前实景

加装电梯

增设立体停车

改善入口公建立面

停车位整合

阶段	业主意见征询	工程条件检查与准备	电梯设计、审批与施工	电力增容	整体完工投入使用
具体流程	• 居民代表会议 • 业主意见征询 • 答辩、沟通 • 确定能否加装	• 违建拆除、施工 • 工程条件检查 • 管线检查 • 各方部门协商 • 前期施工完成	• 初步建设投资方案 • 审批 • 方案设计 • 施工 • 各部门协商	• 申请电力增容 • 审批 • 方案设计 • 电力增容完成	

加装电梯流程

06 装配式内装改造

清华大学公寓样板 2 号住宅·中国北京

随着我国建筑行业转型，装配式工业化住宅的建造也随之进入转型升级的时期，这种转变在既有建筑改造领域也不断寻求突破。在既有建筑改造中，装配式内装工业化系统得到了提倡和应用。

2018年，清华大学建筑学院可持续住区研究中心对清华大学的老旧教师公寓采用装配式内装的方式进行"旧改"实验（老旧小区改造）。从居住行为研究、室内环境标准研发，到装配式内装修技术体系、智能家居产品体系开发，最终实际落地，此次实践在装配式建筑和装配式内装领域的研究，为"旧改"提供有效的解决方案，形成宝贵的经验。

项目名称：清华大学教师公寓改造
项目位置：中国北京
项目类型：公寓
建造年代：1988
改造时间：2018
项目设计：姜涌 朱宁
组织管理：清华大学建筑学院可持续住宅研究中心
套内面积：三居室74.4m² / 一居室35.14m²
装配式内装应用范围：全屋
照片拍摄时间：2019

公寓外观

改造后内装

装配式内装系统应用

改造所用的技术集成包含装配式内装系统、单层管线改造、阳台改造、电力系统改造四个模块。装配式墙面和吊顶具有施工速度快、污染小、噪声小等特点。

同层排水是卫生间移位能够实现的技术保障。另外，针对老旧住宅阳台结构不稳定、维护性能差等问题，在改造中提出了结构、构造和工艺上的解决方案，通过钢结构加固，保温、气密、防漏等性能的提升，使阳台可以作为卧室的一部分来使用。

办公建筑改造社区养老中心　07

亚运村首开寸草学知园社区养老中心·中国北京

随着老龄化浪潮的到来，养老服务设施的匮乏已经成为一个显著的社会问题。北京首开寸草亚运村养老设施是亚运村安慧里住区中既有办公楼建筑改造的项目。该社区是1986年为举办亚运会所建的住宅区。

项目再生实现了建筑功能的转变，提出了社区复合型养老介护设施的新理念，研发了为高龄失能、失智老年人提供护理照顾和生活支援的融合式养老建设模式，并且采用国际开放建筑空间再生建筑体系实施建造。

项目名称：亚运村首开寸草学知园社区养老中心
项目位置：中国北京
原建筑功能：社区综合服务办公楼
建筑高度：12.6m
建筑面积：2232m²
结构形式：砖混结构
改造设计时间：2016.03—2016.10
改造建成时间：2017.03
设计团队：中国建筑标准设计研究院（总体）/清华大学无障碍发展研究院/株式会社RIA（立亚设计）/北京宏美特艺建筑装饰工程有限公司/建王设计
照片拍摄时间：2019

再生概况

- **装配式外挂系统**：外围护墙体整体采用ALC板（高性能蒸压混凝土板）装配式外挂系统。整体板材在工厂工业化、标准化预制生产，现场直接装配使用，全干法施工，快速环保。
- **屋顶绿化花园**：屋面改造采用工业化的屋面围护结构体系，建造屋顶花园，供老年人日间活动。上人屋面采用木塑铺地，具有良好的耐久性。屋顶设置可移动种植箱，供老年人参加种植活动，丰富日常生活。
- **填充体介入及改造**：改造所涉及的技术应用主要有以下几方面，架空地板系统—设备管线集成体系、架空墙面系统-轻质隔墙系统、双层吊顶系统-设备管线集成体系。

再生后入口立面

再生后内部空间

再生后护理病房

08 城中村变身人才社区

水围柠盟人才公寓·中国深圳

在城市化快速发展的进程中，城中村的改造一直以大规模的拆除重建为主要模式。该案例是深圳探索城中村改造为公共租赁住房的首个项目，为城中村改造提供了新的模式借鉴。项目由政府、企业和业主合作，对水围村29栋居民统建楼进行整租，通过改造转变为504套青年人才公寓，纳入政府人才房，通过公共住房系统进行租赁。

总平面图

平面图

项目名称：水围柠盟人才公寓
项目位置：中国深圳
项目开发：深业置地投资发展（深圳）有限公司
设计单位：DOFFICE创始点咨询（深圳）有限公司
建筑功能：私人住宅改为公共租赁
居住户数：504套
总建筑面积：15472m²
改造竣工时间：2017.12
照片拍摄时间：2019

立面图

再生概况

水围村35栋楼为村委统一规划建设，宅基地基本一致，改造项目为其中的29栋。楼栋间巷道2.5~4m宽，1~2层为商业，3层及以上是住宅。住宅设置独立的入口，与商业互不干扰。改造中保持了原有的建筑肌理和空间尺度，并提升消防、市政配套设施以及室内装修，成为符合现代居住标准的住宅街区。另外，项目以青年社区为目标，打造"青年之家""共享公共空间"等富有特色的社区空间。

增设电梯形成入口

室内

空中连廊

青年之家

屋顶增设洗衣房

改造后实景

增设电梯

楼栋之间间距较窄，在楼栋间的窄巷增设了7座电梯，电梯的入口作为相应的公寓入口，设置小型的入口院子。入口院子与外部的商业相连，形成一个开放的社区。

立体街区

在增设电梯的同时，在楼栋间置入钢结构的连廊。连廊形成四通八达的交通网络，连廊自身也可作为公共活动空间，增加了居住者之间互相问候、交流的机会。

共享空间

方案打造的"青年之家"，是社区最重要的公共活动空间之一，包含共享的阅读空间、多媒体厅、厨房、茶室、健身房等多种功能空间。同时通过连廊将楼栋、交通和公共空间连通，连廊既作为交通空间的一部分，又作为休憩、交流的场所。屋顶花园的打造也是一个有标志性的共享空间，通过不同的色系进行分区，增设了洗衣房、菜园等功能。

户内升级

项目中各个楼栋虽然外形相似，但是由于是自建房，户型差异较大。改造中对户型进行整合，形成18种15~55m²不等的户型，进行室内装修、设备升级等改造，满足不同住户的需求。

09 重构场所秩序

甘井子体育场改扩建·中国大连

体育场建成于1954年，并于1979年经过改造继续使用，近十几年由于疏于修缮逐步变得老旧破败而关闭。随着周边开发的推进，此地块变成淹没于住宅区中的空地，通往场地的道路也变得难以辨认。沿基地的西侧到南侧用地红线有铁路线经过，通往基地的道路仅有北侧的主要道路。

形体设计　　　　总平面图

项目名称：大连市甘井子体育场改建工程
项目所属：甘井子教育局
建设时间：1954（1979年经过改造）
再生时间：2013
建筑功能：体育设施
用地面积：2.5万m^2
建筑面积：3774m^2
容积率：0.15
建筑密度：10.24%
再生设计：BE-D联合设计工作室
照片拍摄时间：2014（改造后）

改造前实景

150　建筑再生导论

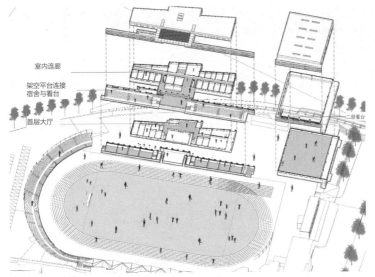

公共空间设计

重构场所秩序

对原有体育场的更新改造，是对有一定历史的老旧公共设施的功能提升，项目对激活周边建成环境起了重要作用，因地制宜地结合周边的自然与人文环境，采用低成本的设计方法和适宜性技术，具有示范性效果。

项目以西侧的山体公园为背景，设计了长达135m的体育场看台背景墙，形成环境新秩序，它不仅融合山体的形态，还与周边居民楼相协调。

项目立足于整体环境品质提升以及因地制宜的建筑手段，确立了引入新的秩序和元素，创作出简约而生动的空间设计效果。

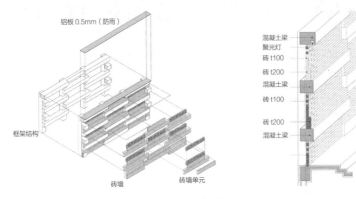

节点设计

改造后实景

10 滨水沿岸景观环境提升

坪山阳台·中国深圳

坪山河全长13.5km，位于广东省深圳市东北部坪山新区。由于经济的快速发展，在快速城镇化的过程中，坪山河生态环境遭到破坏，给沿河和下游城区造成了很大的影响。依据坪山河流域水环境综合整治工程的规划，需要在河边设置净水站、蓄水池和人工湿地，净化坪山水流域，提升沿岸景观环境。在2018年根据规划建设坪山阳台项目，对南部净水站上部建筑进行设计。

项目名称：坪山阳台—深圳坪山河南布净水站上部建筑设计
项目位置：中国深圳
项目类型：水基础设施，公共空间及设施
设计单位：南沙原创建筑设计工作室
设计时间：2017.12—2018.10
建设时间：2018.12—2019.07
用地面积：9500m²
结构体系：混凝土框架（原）+钢结构（新）
材料：青砖、塑木、钢、玻璃
资料提供：南沙原创建筑设计工作室

项目概念

项目南侧设计了一条由北侧公园绿地地面为起点，南侧净水站办公空间管理用房屋顶为终点的南北公共步道，将南侧公园与坪山河进行连接。由于该项目靠近坪山河，公园广场的水源首先通过地下净水站净化后运输至坪山河。

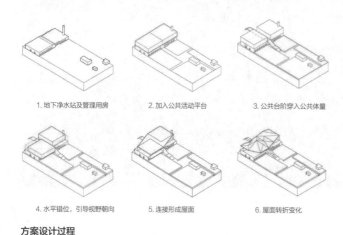

1. 地下净水站及管理用房　2. 加入公共活动平台　3. 公共台阶穿入公共体量
4. 水平错位，引导视野朝向　5. 连接形成屋面　6. 屋面转折变化

方案设计过程　　　　　　　　　　　　　　　　**坪山阳台鸟瞰**

152　建筑再生导论

坪山阳台项目的屋顶为整体梁架结构（钢梁架+主龙骨+次龙骨+塑木），自上而下依次为不规则形状的塑木面层，面层龙骨顺应了折面排水方向，同时四周有安全护栏。塑木构造层使用纵横方向的龙骨进行架空，下层为长方形钢结构柱网，塑木构造成与柱网之间留有架空层，使得雨水能够进行留缝排水至架空层排出。再下层为原混凝土结构柱网，梁架通过钢结构柱网和混凝土结构柱网进行支撑，同时还要满足原混凝土结构柱网的计算荷载。

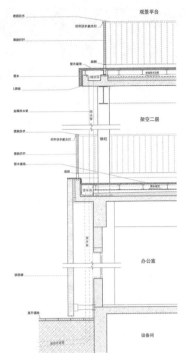

建筑墙身大样

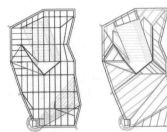

屋顶系统示意图（钢梁架 + 主龙骨 + 次龙骨 + 塑木）

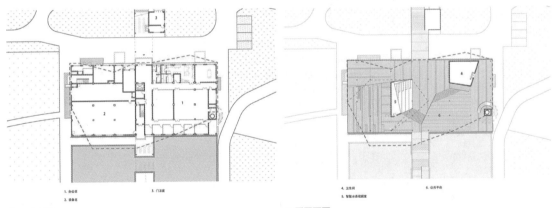

1. 办公室
2. 设备区
3. 门卫室

首层平面图

4. 卫生间
5. 智慧水务视频室
6. 公共平台

二层平面图

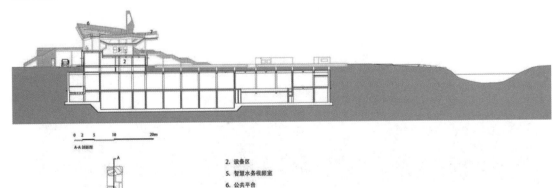

0 2 5 10 20m

A-A 剖面图

2. 设备区
5. 智慧水务视频室
6. 公共平台
7. 阶梯空间

总体剖面

第 6 章 多样化再生   153

11 遗产建筑再利用

大鹏所城粮仓改造·中国深圳

大鹏粮仓建于1586年，地点位于深圳市大鹏所城中部地区。粮仓为1层，建筑物檐口层高4.0m，屋脊高5.5m。粮仓面宽为42.5m，进深为22.5m，共10开间，每一开间立面呈拱形，屋面为砌块拱形屋面，并设有2处排气通风口。粮仓结构体系为砖混结构，承重墙体材料为黄泥，墙体厚度约318~327mm。由于年久失修，现存粮仓除一部分改造为木舟陈列馆之外，其余空间存在墙体表皮脱落、破旧杂乱等问题。

大鹏粮仓是国家重点保护古建筑，对其进行改造时，应在满足文物保护法等国家政策标准要求下，通过微介入和微改造进行活力提升。改造通过对其流线、空间、光线、庭院等重新建构，置入展览功能，实现空间的再利用。

项目名称： 深圳大鹏所城粮仓改造设计
项目地址： 中国深圳
总用地面积： 960m²
改造建筑面积： 730m²
设计时间： 2019.10
建成时间： 2019.12
建设单位： 深圳华侨城鹏城发展有限公司
设计单位： 深圳大学建筑设计研究院·元本体工作室
资料提供： 深圳大学建筑设计研究院·元本体工作室

剖面图

154　建筑再生导论

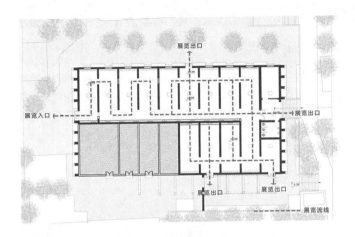

体验流线

粮仓空间的流线设计基于现有空间结构体系，通过重塑流线路径对展览功能进行界定。设计后的流线以西侧作为展览的主入口，通过对内部分隔墙体的开洞、封堵等设计手法，对展览路径进行清晰指引，并且不同的展厅出口及门厅与不同室外庭院和室外展场进行衔接过渡，给予参观者差异化的体验。

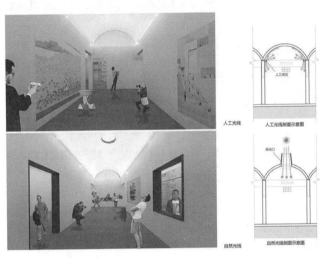

光线布置

粮仓在保留了单开间砌块拱形屋面的前提下，基于这种韵律将室内分割成大大小小独立的展厅。展厅光线以人工照明为主，通过人工光线照射拱形天花板，形成光的折射突出拱顶展厅的空间特色。室内展品的照明则通过墙面上的轨道投射灯进行呈现。甚至个别展厅处在拱形屋面上方开采光口，通过射入的自然光线进行天然采光照明。

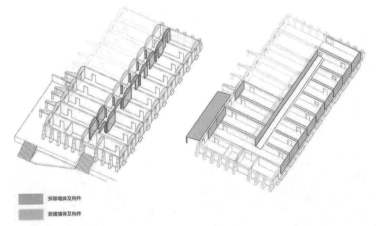

透明院落

粮仓南侧庭院通过保留"石扶壁"等独有的结构受力构件，创造出典雅、幽深的意境。除原有的"石扶壁"结构之外，在设计中还通过虚实结合的手法在门廊庭院空间上方架设了半透明的轻钢结构金属网帘屋顶，与原有的拱形门廊相结合形成了强烈的纵深感和秩序感。

12 适老化改造—加装电梯

老旧小区加装电梯的四种模式

"十四五"期间,我国将从轻度老龄化社会进入到中度老龄化社会,在推进适老化改造方面,主要是推进城镇老旧小区改造和适老化改造相结合。据调查,我国约有54%的老年人现居房屋建成年数超过20年,其中80岁以上的高龄老人中有60%现居房龄超20年,居住在两层及以上楼房的老年人中,仅有约12%有电梯,既有住宅加装电梯改造迫在眉睫。

目前我国老旧小区加装电梯主要有以下4种方式:

座椅电梯

在楼梯侧面安装座椅电梯,一般由轨道、驱动装置和座椅三部分构成。成本低廉,安装便捷,但是没有附带收益,而且会导致楼梯宽度变窄,消防安全性略微降低。

南向外挂电梯并赠面积

将住楼南墙向南延长3.7米,每户增加18.2m^2(看面宽)阳光房,可以实现电梯平层入户。投资少,收益高,不影响采光,但是会缩短楼间距,需改造楼下的道路和花园。

北向楼梯间加电梯

主要的做法是电梯连通楼梯间平台,错层入户。其优点是安装便捷,缺点是出了电梯需上或下半层楼梯进入居室。借助北向楼梯间加装电梯是目前我国老旧小区加装电梯的主要方式。

廊式住宅加电梯

廊式住宅加电梯是比较高效的加装电梯方式,由于廊式住宅自身的特点,在建筑外部空间增加电梯与走廊连接,便可到达同层的多户。缺点是加装电梯的位置需要占用公共空间。

加扶手电梯

南向加电梯

北向加电梯

海绵技术应用于户外环境提升 13

天健花园海绵化景观提升·中国深圳

海绵城市技术是新一代城市雨洪管理概念，是指城市能够像海绵一样，在适应环境变化、应对雨水带来的自然灾害等方面具有良好的弹性，也称之为"水弹性城市"，其应用范围广泛，在既有住区的改造中多适用于户外环境的改造。

基于不同住区规模、用地条件和降雨规模有针对性地进行海绵化景观改造和雨水利用，可实现住区户外环境的可持续发展、创造多样化的景观与生态环境、缓解用水压力和节约居民生活成本的目标，具有重要的意义。海绵城市技术主要包括：采用透水性强的铺装材料、修建蓄水池、修建干塘与地表滤砂装置、安装雨水回收系统等。

项目名称：天健花园海绵化改造景观提升工程
项目位置：中国深圳
建筑面积：158000m²
容积率：2.20
建造时间：1998年
改造时间：2020年
改造单位：深圳市建筑科学研究院
照片拍摄时间：2022

天健花园于1998年竣工，住区从海绵城市问题导向和景观环境全面提升的角度对该居住建筑小区进行了海绵化改造。所使用的海绵城市技术有：

- **海绵化改造解决现状痛点问题**：解决小区局部积水、地下室顶板渗漏等痛点问题，对原场地庭院空间布局进行了优化；
- **活化雨水景观，增加互动**：打造旱溪、小桥、叠瀑、乐泉、儿童游乐区等多趣味景观；
- **采用"轻荷载透水铺装""薄型下凹绿地"等构造设计**：通过薄型下凹绿地和轻质透水铺装等技术创新，解决地下室顶板荷载限制下海绵设施设置问题，实现室外人行范围透水铺装全覆盖；
- **利用监测设备评价改造前后效果**：通过在雨水总排口安装流量和雨量监测设备，对改造前后实际效果进行科学评价；
- 预设海绵植物科普园地。

改造后实景

14 | 公共艺术介入提升社区环境品质

福寿社区户外环境提升 · 中国大连

社区空间作为建筑场所公共空间之一，具有紧密贴近居民生活并保障居民基本娱乐休闲的功能，其具备公共艺术的参与互动、艺术与区域文化再生两个发展阶段特征，带有特定的"公共性"与"群体性"，对环境品质提升具有潜在的价值。

公共艺术的改造设计应该在满足社区居民基本需求的基础上，再相继发展其他需求关系，注重协调人和社会、人和场地以及人和人之间的关系。在公共艺术方案的产生、审议、实施和作品设立等环节中，应把建议权交给大众，从而完成更高契合度的公共艺术参与方式。社区环境改造的品质提升依靠社会各界的合力，公共艺术介入也能够促进艺术与大众、人与艺术作品、参与方式与需求层次的良性互动。

北京白塔寺 · 公共艺术装置展览

前期探索： 设计周 · 北京白塔寺再生设计

案例前期设计团队在北京国际设计周 · 白塔寺再生计划中进行探索，展出镭射材料制作而成的模数化人形标志。五彩镭射材料在阳光下发出炫彩的光芒为四合院注入丰富的颜色，不同的角度，不同的阳光，四合院上空会反射出不一样的光芒，让陈旧的空间焕发活力，散发出新的光彩，为老社区注入新的活力。

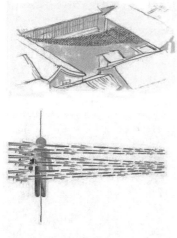

北京白塔寺再生方案和实施

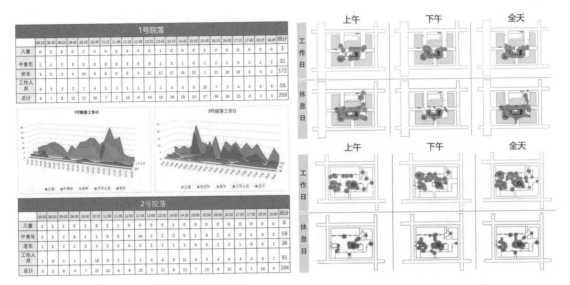

大连福寿社区院落内活动人群的活动范围和活动时间调研

再生方案与实施

通过活动行为调研，设计团队掌握了目标院落内活动人群的日常活动范围以及各年龄段人群活动数量及活动时间规律，两院人群活动最频繁的位置均为凉亭，1号院多为老年人，2号院外来休息的年轻人居多。通过抽奖的方式可以鼓励更多的居民参与到问卷调查，使设计者从中获取一些信息，了解了居民对楼院的归属感、认同程度，同时问卷结果也在一定程度上反映了居民对楼院环境现状的意见和改造的意向，总结问卷并结合观察及访谈，设计者初步提出彩绘墙面和共享种植两种提升方案。

最终实施的墙绘方案，经过多次的讨论和修改，由墙绘扩大范围至单元门的绘制。以点带面扩大影响效果，且模块化形式易于推广。

大连福寿社区墙绘方案设计和实施

参考文献

1. 松村秀一. 建筑再生学[M]. 范悦等译. 北京：中国建筑工业出版社，2019.
2. MIKAN. 住区再生设计手册[M]. 范悦，周博译. 大连：大连理工大学出版社，2009.
3. 松村秀一. 住区再生——重获新生的欧美集合住宅[M]. 范悦等译. 北京：机械工业出版社，2008.
4. 小池志保子，宫部浩幸，花田佳明等. リノべーションの教科書 企面·デザイン·プロジェクト[M]. 东京：株式会社学荟出版社，2018.
5. 吕俊华，彼得·罗，张杰. 1840—2000中国现代城市住宅[M]. 北京：清华大学出版社，2003.
6. 庄惟敏. 建筑策划导论[M]. 北京：水利水电出版社，2001.
7. S. Kendall，J.Teicher. Residential Open Building[M]. London：Spon Press，2000.
8. 刘东卫等. SI住宅与住房建设模式[M]. 北京：中国建筑工业出版社，2016.
9. 刘东卫. 百年住宅[M]. 北京：中国建筑工业出版社，2018.
10. 日住宅総合研究財団マンション大規模修繕研究.事例に学ぶマンションの大規模修繕[M]. 东京：学芸出版社，2010.
11. 匡晓明，陆勇峰. 存量背景下上海社区更新规划实践与探索，2016中国城市规划年会论文集[C]. 北京：中国建筑工业出版社，2016.
12. Kathleen. S，Christine. W，Melissa. F. A. Social Housing in Europe[M]. London：School of Economics and Political Science，2007.
13. 黄鹤，钱嘉宏等. 北京老旧小区更新研究[M]. 北京：中国建筑工业出版社，2022.
14. 罗小未. 上海新天地广场[J]. 时代建筑，2001（4）：24-29.
15. 孟岩. 村/城重生[J]. 城市环境设计，2018（12）：32-49.
16. 刘加平. 城市环境物理[M]. 北京：中国建筑工业出版社，2011.
17. 周静敏. 装配式工业化住宅设计原理[M]. 北京：中国建筑工业出版社，2020.
18. 日本团地住宅再生委员会. 团地型マンション再生マニュアル[S]，2003.
19. 国土交通省. マンションの建替えか修繕かを判断するためのマニュアル[S]. 2003.
20. 张涛，姜裕华，黄有亮，张春霞，吴佳洁.建筑中常用的能源与材料的碳排放因子[J]. 中国建设信息，2010（23）：58-59.
21. Helleman，G.，Wassenberg，F.The renewal of what was tomorow's idealistic city[J]. Cities 21. 2004：3-17.
22. 住房和城乡建设部住宅产业化促进中心. 既有居住建筑综合改造技术集成[M]. 北京：中国建筑工业出版社，2011.
23. 索健等.中国城市住宅可持续更新研究[M]. 沈阳：辽宁大学出版社，2015.
24. Nico Nieboer, et. al. Energy Efficiency in Housing Management[M]. Routledge. 2012.
25. Wolfgang. F. E. Preiser, et. al. Post-occupancy evaluation[M]. Van Nostrand Reinhold Company. 1988.
26. 周燕珉. 住宅精细化设计[M]. 北京：中国建筑工业出版社，2008.
27. 林波荣等. 绿色建筑性能模拟优化方法[M]. 北京：中国建筑工业出版社，2016.
28. 马素贞等. 既有建筑绿色改造诊断技术[M]. 北京：中国建筑工业出版社，2015.
29. 薛志峰. 既有建筑节能诊断与改造[M]. 北京：中国建筑工业出版社，2007.

30. 丁勇等. 既有公共建筑室内物理环境改造技术指南[M]. 北京：科学出版社，2020.
31. 范悦，李纛彬，张琼. 既有住宅维护性再生的科学体系与知识库系统建构[J]. 时代建筑，2020（1）：6-9.
32. 范悦，李纛彬，董丽. 我国既有住区建筑品质内涵与更新模式[J]. 新建筑，2018（2）：46-49.
33. 王晓，范悦. 既有住宅更新改造的病理现象研究[J]. 新建筑，2015（2）：122-125.
34. 张琼，范悦. 东北既有住宅维护性更新改造的知识库构建[J]，新建筑，2015（3）：103-105.
35. 张琼，范悦. Paula.F，瑞典"百万住宅计划"的住宅更新过程与使用后评价研究[J]. 住区，2018（2）：150-154.
36. 索健，周倩，范悦. 对我国城市住宅品质提升实践及存在问题的思考[J]. 西部人居环境学刊，2018（5）：1-5.
37. 王翔，范悦. 重构居民社会联系-新加坡组屋户外空间发展与邻里更新计划的实践[J]. 时代建筑，2020（1）：50-54.
38. 项文菁，高莹，范悦. 既有居住组团更新实践中对多方参与组织机制的思考[J]. 建筑与文化，2021（5）：180-183.
39. 周静敏，苗青等. 装配式内装工业化体系在既有住宅改造中的适用性研究[J]. 建筑技艺，2017（3）：54-57.
40. 李振宇，常琦，董怡嘉. 从住宅效率到城市效益当代中国住宅建筑的类型学特征与转型趋势[J]. 时代建筑，2016（6）：6-14.
41. 庄惟敏. 演变中的建筑学——建筑策划与建筑学的再思考[J]. 新建筑，2017-06（3）：18-22.
42. 朱宁，姜涌等. 既有多层居住建筑卫生间同层排水分户批量改造研究[J]. 建筑学报，2017（9）：88-92.
43. 孙金金，李绅豪. 既有建筑绿色性能诊断指标和实施方法[J]. 绿色建筑，2016，8（3）：22-26.
44. 张琼. 面向品质提升既有住区建筑实态与评价体系化研究[D]. 大连理工大学，2019.
45. 王晓. 既有住宅维护性再生策略与辅助知识库建构[D]. 大连理工大学，2016.
46. 张春焕. 基于BIM技术的北方既有住区建筑围护体系能耗性能提升研究[D]. 大连理工大学，2019.
47. 王云. 北方既有住区建筑功能提升策略研究[D]. 大连理工大学，2016.
48. 谢锐生. 南方既有住区建筑外界面多层级品质提升方法工具库研究[D]. 深圳大学，2022.
49. Paula Femenias. Refurbishment process：Sweden housing[R]. 查尔姆斯理工大学建筑学院：瑞典，2015.
50. 中国建筑科学研究院. 既有建筑评定与改造技术规范（征求意见稿）[S]. 北京：中国建筑工业出版社，2012.
51. 中国建筑科学研究院. 既有居住建筑节能改造技术规程JGJ/T 129-2012[S]. 北京：中国建筑工业出版社，2013.
52. 北京中建建筑设计院. 既有采暖居住建筑节能改造技术规程 JGJ 129-2000[S]. 北京：中国建筑工业出版社，2001.
53. 上海维固工程实业有限公司，上海建筑设计研究院有限公司. 既有住宅建筑功能改造技术规程JGJ/T 390-2016[S]. 北京：中国建筑工业出版社，2016.
54. 哈尔滨工业大学建筑设计研究院. 寒地建筑多性能目标优化设计技术标准T/ASC 20—2021[S]. 北京：中国建筑工业出版社，2021.
55. 中华人民共和国住房和城乡建设部.既有建筑维护与改造通用规范GB 55022-2021[S]. 北京：中国建筑工业出版社，2022.
56. 中华人民共和国住房和城乡建设部.城市居住区热环境设计标准 JGJ 286-2013[S]. 北京：中国建筑工业出版社，2014.
57. 中华人民共和国住房和城乡建设部.民用建筑热工设计规范GB 50176-2016[S]. 北京：中国建筑工业出版社，2017.
58. 中华人民共和国住房和城乡建设部.围护结构传热系数现场检测技术规程JGJ/T 357-2015[S]. 北京：中国建筑工业出版社，2015.

著者介绍

范悦

日本东京大学博士。现任深圳大学特聘教授、深圳大学建筑与城市规划学院院长。2016年中国建筑设计奖·建筑教育奖。入选教育部新世纪优秀人才，获国家级教学成果奖等。

张琼

深圳大学建筑与城市规划学院助理教授。大连理工大学和瑞典查尔姆斯理工大学联合培养博士。从事既有建筑再生与更新研究。

崔光勋

深圳大学建筑与城市规划学院助理教授、国家一级注册建筑师。

何玥儿

深圳大学建筑与城市规划学院助理教授、深圳海外高层次人才、国家注册公用设备工程师。

李翥彬

大连理工大学建筑与艺术学院讲师、日本北海道大学博士。

赵雨

深圳大学建筑与城市规划学院副研究员、日本东京大学博士。

陈洁

深圳大学建筑与城市规划学院博士后、西安建筑科技大学博士。

感谢在本书出版过程中协助资料搜集和整理的王翔、谭慧宇、刘畅、钟鸿峰、夏秉阳、王梦涵、曾明远、林冠峰等同学。